DICCIONARIO MÁNTRICO

Samael Aun Weor

junio
2021

© AGEAC
(Asociación Geofilosófica
de Estudios Antropológicos y Culturales).

Reservados los derechos de imagen.

ISBN: 9798519054249

Colección AGEAC online

info@ageac.org

www.ageac.org · www.samael.org
www.vopus.org · www.radiomaitreya.org

ADVERTENCIA

PRÓLOGO

La palabra «mantra» está íntimamente ligada a los procesos de la gestación de la creación, ya sea a nivel macrocósmico o a nivel microcósmico.

Las Sagradas Escrituras cristianas nos han dicho lo siguiente: «En el principio era el verbo, y el verbo era con Dios. Todas las cosas por él fueron hechas, y sin el auxilio de él nada de lo que está hecho hubiese sido hecho».

El Gnosticismo de todos los tiempos ha enfatizado de manera contundente, al describirnos la creación de los Siete Cosmos fundamentales, la implantación de los coros de Elohim en el inicio del Maha-Manvantara. Estos Elohim, polarizados en parejas –masculino-femenino–, cantaron en lengua divina las notas claves que dieron origen a todo lo que existe visible o invisiblemente.

Prácticamente, todas las teologías y teogonías de las diferentes culturas que la humanidad ha conocido a través de los milenios hacen alusión a «la Gran Palabra» pronunciada en el comienzo de los tiempos por las diversas jerarquías divinas que constituyen los diferentes panteones sagrados de las mismas.

Entre los aztecas, en el monolito que sintetiza la sabiduría de los mexicas –la Piedra del Sol o Calendario Nahua–, aparece como figura central el Dios Tonatiuh, mostrándonos su boca abierta y su lengua echada hacia fuera para señalarnos a todos que la raíz de toda vida procede de «la Palabra Perdida» que fue expresada para originar el génesis primordial.

Gnósticamente, el Presidente Fundador de los estudios gnósticos contemporáneos, el Venerabilísimo Samael Aun Weor, nos habla del «Theomegalogos» o «Señor de la Gran Palabra» como generador del gran Alaya en el que nos encontramos.

Incuestionablemente que, gracias a la Gnosis, hoy comprendemos que dicho Theomegalogos no es un «único Señor», sino que alegoriza el poder generador de los Cosmocratores, dirigidos por una inteligencia suprema ubicada por la Kábala hebraica en esa región denominada AIN.

El Theomegalogos deviene entonces, según la Gnosis, como el creador del sonido universal que hace manifiestos los Aeones o esferas energéticas en las que se ha de cristalizar la vida.

Dentro de la Creación misma es solamente el ser humano quien ha recibido el «don de la palabra». Los génesis de diversas teologías han hablado de un «Adam» primigenio, que los cabalistas llamaron: Adam Ha Rishon o Adam Kadmon. Este «Adam Solus», con propiedades andróginas, era la imagen y semejanza de Dios sobre la Tierra, y por ello gozaba, según nos dice la cosmogénesis gnóstica, del Lenguaje Sagrado, Lengua de Oro o, dicho de otro modo, Lenguaje mántrico celeste.

Con este lenguaje aquellos seres andróginos comandaban los elementos. Así, entonces, el verbo era el instrumento para desatar tempestades o calmarlas, hacer temblar la tierra o aquietarla, agitar los fuegos volcánicos o apaciguarlos, etc., etc., etc.

Desafortunadamente, con la caída angélica de la humanidad, el Lenguaje de Oro, el Lenguaje Sagrado, se fue perdiendo, y así también se fue degenerando el poder creador de la laringe en la especie humana.

Han pasado los milenios y los siglos, y hoy, gracias a la Gnosis y a su portavoz, el V.M. Samael Aun Weor, los amantes de la sabiduría volvemos a tener la oportunidad de recuperar ese lenguaje secreto que nos abre puertas de toda índole tanto en el mundo tangible como en el mundo invisible.

La praxis gnóstica nos enfatiza una y mil veces que la palabra geometriza. Esto ha sido demostrado ya por los hombres de ciencia mediante las cintas de grabación magnetofónicas.

También se comenta en el ámbito gnóstico que: «La garganta es el útero sagrado donde se gesta la palabra».

Estas consideraciones nos llevan a todos a la conclusión de que en el verbo, en la palabra, reside todo poder. De allí que los grandes magos y teúrgos de todos los tiempos fueron conocidos como «los Maestros del sonido mántrico», capaz, este, de producir inusitados fenómenos sobrenaturales para asombro de las multitudes humanas. Vale decir las evocaciones de Apolonio de Tiana, Moisés abriendo las aguas del Mar Rojo con sus simples mantras, Jesús quitando la sordera a un enfermo con el mantra «Ephphatha», etc., etc., etc.

Incuestionablemente que cada mantra, en sí mismo, es sagrado y poderoso. Empero en materia de eficiencia de los mantras hay niveles y niveles. No tanto por el hecho de si el mantra tiene fuerza o no, sino más bien a causa de la naturaleza psíquica, anímica y física de quien lo pronuncia.

Cuanto más purificada sea una laringe humana, a causa de la disciplina esotérica, mucho más se harán sentir los efectos de los mantras que de ella emanen.

La ciencia de los mantras está de nuevo en tus manos, perínclito lector, y, para ejercerla, la Gnosis posee los métodos necesarios para hacerte idóneo en este maravilloso magisterio de la palabra.

Esta obra titulada *Diccionario Mántrico* constituye un peldaño más en la larga marcha que ha de llevarnos a la cima de la Autorrealización íntima.

Terminamos nuestro preámbulo afianzándonos en los axiomas de la Kábala:

«Pon tu corazón en todas tus palabras,
mas no pongas todas las palabras en tu corazón».

Kwen Khan Khu

A

Uno puede llegar a recordar sus vidas pasadas si despierta los chakras pulmonares. Tanto en el pulmón derecho como en el izquierdo hay centros magnéticos. Los dos chakras pulmonares son maravillosos; despertando esos chakras, podéis vosotros, hermanos míos, recordar con exactitud vuestras pasadas reencarnaciones.

La vocal A hace vibrar los chakras pulmonares. Se vocaliza así: AAAAAAA.

¿Comprendido? Si queréis añadirle la N tanto mejor, porque le dais a la vocal un sonido acampanado. En ese caso, vocalizaríais así: AAAAAAANNNNNNN.

—*El Quinto Evangelio*, conferencia
«En el principio era el Verbo»—

Otras referencias:

—*Manual de Magia Práctica*, capítulo 3—

A KUMO

El mantra de los elementales de los naranjos es A KUMO.

—Rosa Ígnea, capítulo 15—

ABRACADABRA

La glándula timo regula la vitalidad del niño. Los astrólogos dicen que esta glándula está influenciada por la Luna. Los sabios gnósticos quieren conservar la glándula timo y no dejarla entrar en decrepitud. Cuando esta glándula está activa, el organismo no envejece. Los sabios médicos de la antigüedad decían que la vocal A, cuando es pronunciada sabiamente, tiene el poder de hacer vibrar la glándula timo. Los viejos médicos de la antigüedad utilizaban aquel sabio mantra, tan vulgarizado por las gentes, llamado ABRACADABRA, dizque para conservar activa la glándula timo durante toda la vida. Ellos pronunciaban en los templos paganos cuarenta y nueve veces esa palabra en la siguiente forma:

ABRACADABRA

ABRACADABR

ABRACADAB

ABRACADA

ABRACAD

ABRACA

ABRAC

ABRA

ABR

AB

A

Dícese que prolongaban el sonido de la vocal A.

—Nociones Fundamentales de Endocrinología y Criminología, capítulo 5—

ABRAXAS

¡Invoquemos al Fuego! Adoremos al Fuego de Nut exclamando: «¡ABRAXAS, ABRAXAS, ABRAXAS!», y no olvidemos que en el Fuego de Nut está nuestra redención.

—Apuntes Secretos de un Gurú, capítulo 6–

ÁBRETE SÉSAMO

Durante esas vueltas que estás dando debes concentrarte en tu Divina Madre Kundalini, pedirle que llame al Espíritu Santo rogándole que cure el órgano enfermo, suplicándole al Logos que lo sane.

Además hay que abrir ese órgano enfermo, diciéndole:

¡ÁBRETE SÉSAMO, ÁBRETE SÉSAMO, ÁBRETE SÉSAMO!

Es un mantra que figura en *Las Mil y Una Noches*, pero las gentes creen que es al fin y al cabo un cuento muy agradable y no le prestan ninguna atención a ese mantra, pero es un mantra verdadero. ¡ÁBRETE SÉSAMO! Se le ordena a ese órgano para que entre en ti la fuerza curativa vital; entonces penetra la fuerza del Espíritu Santo dentro del órgano y es claro que se sana, se cura con la fuerza del Tercer Logos, pero hay que hacerlo con muchísima fe, fe y fe.

Estos ejercicios también sirven para despertar los chakras, como ya te dije. El Arhat gnóstico puede internarse en el camino del despertar de la Conciencia. Ante todo debemos ir a la parte práctica... Ya conoces la danza de los derviches, el Viparita Karanhi Mudra y otras posiciones; recuerda que hay que abrir el órgano enfermo con la imaginación, ordenándole imperiosamente:

¡ÁBRETE SÉSAMO, ÁBRETE SÉSAMO, ÁBRETE SÉSAMO!

—El Quinto Evangelio, conferencia
«Ritos prodigiosos de Lamasería tibetana»–

La puerta del Santuario estaba sellada por una gran piedra que impedía el paso a los profanos. No te detengas, corazón, ante las cosas del misterio. «¡ÁBRETE SÉSAMO!», fue mi exclamación, y la piedra se abrió para que yo entrara.

−Tratado Esotérico de Magia Rúnica, capítulo 10−

Cuando me hallé encerrado dentro de uno de los simbólicos establos de Augías, lo encontré completamente limpio y sin animales de ninguna especie. Entonces comprendí...

Quise salir, pero la puerta estaba herméticamente cerrada. ¡ÁBRETE, SÉSAMO! −grité con todas mis fuerzas−.

En esos instantes las puertas se abrieron como por encanto y entonces penetré en un segundo establo. Lo hallé tan limpio como el primero...

¡ÁBRETE SÉSAMO! −grité otra vez−, y cuando se abrieron las puertas penetré en un tercer establo. Ostensiblemente, este también estaba limpio y hermoso...

¡ÁBRETE SÉSAMO! −grité por cuarta vez−, y cuando se abrió la cuarta puerta traspasé el umbral de una brillante mansión solar...

−Las Tres Montañas, capítulo 37−

ACHAXUCANAC ACHXURAXAN ACHGNOYA
XIRAXI IGUAYA HIRAJI

¡Vosotros, los dignos! −aquellos que llegaron al nacimiento segundo, disolvieron el Ego y se sacrificaron por la humanidad−, ¡escuchadme por favor!:

Sobre la roca viva, allá en la playa, trazad con una vara la Runa Hagal.

Llamad ahora a la barquilla del Sagrado Cisne, así podréis embarcaros para las islas misteriosas de la cuarta dimensión.

Después de trazado el santo signo, la maravillosa Runa, cantad los siguientes mantras:

Achaxucanac Achxuraxan Achgnoya Xiraxi Iguaya Hiraji.

Mirad fijamente la santa Runa Hagal y con el corazón lleno de fe suplicad, pedid a la Apia romana, la Urwala nórdica, la Edda escandinava, la Sibila primitiva de la Tierra, vuestra Divina Madre Kundalini, os envíe la singular barquilla con los silfos que la mueven.

¡Ah!, dichosos seréis vosotros cuando os embarquéis en la misteriosa nave del Sagrado Cisne rumbo a las islas misteriosas del Edén.

—Tratado Esotérico de Magia Rúnica, capítulo 37—

ADACRIPTO

Por otra parte, todos aquellos que recorran el Cuarto Sendero —el mundo de la mente—, deben estar al tanto de la palabra de pase que les permitirá entrar en los templos del plano mental. Esta palabra es ADACRIPTO.

—Logos, Mantra, Teúrgia, capítulo 13—

ADAM TE DAGERAM AMRTET ALGAR ALGA S TNA

Los espejos mágicos son muy útiles en magia práctica. Escríbase sobre el espejo mágico las siguientes palabras mántricas:

ADAM TE DAGERAM AMRTET ALGAR ALGAS TNA.

Magnetice siempre su espejo y úselo en magia para ver clarividentemente lo que necesite. Guarde su espejo, o téngalo sobre su altar, para que pueda utilizarlo cada vez que sea necesario.

—Tratado de Medicina Oculta y Magia Práctica,
capítulo «El Espejo Mágico»—

AE GAE GUF. PAN CLARA

El mantra AE GAE GUF y el mantra PAN CLARA, que se pronuncia así: PANNN CLARA, sirven para curarnos y curar a los demás.

—La Revolución de Bel, capítulo 16–

De rodillas frente al enfermo pronúnciense estos mantras de curación: AE GAE GUF. PAN CLARA.

—Tratado de Medicina Oculta y Magia Práctica,
capítulo «Terapia Mágica»–

El médico imaginará al paciente nadando entre un mar de color azul y pronunciará los siguientes mantras o palabras mágicas:

AE GAE GUF. PAN CLARA.

AUM TAT SAT TAN PAN PAZ.

AE GAE se pronuncia guturalmente, uniendo la A con la E en un solo sonido vocalizado con la garganta. El monosílabo AUM se pronuncia AOM. Se abre bien la boca con la A, se redondea con la O y se cierra con la M, así: AAAAAOOOOOMMMMM.

—Tratado de Medicina Oculta y Magia Práctica,
capítulo «Palabras curativas —mantras—»–

AFIRAS

El departamento elemental de la higuera pertenece a las fuerzas sexuales.

El mantra de los elementales de las higueras es AFIRAS.

—Rosa Ígnea, capítulo 15–

AGLA Y HA

Los elementales vegetales pueden viajar a través del espacio para curar enfermos.

PROCEDIMIENTOS MAGÍSTICOS

Poned la planta o plantas que vais a recetar al paciente dentro del círculo mágico. El círculo lo pintaréis en el suelo con un carbón o gis.

Os concentraréis en vuestro Dios interior pidiéndole que dé órdenes al Intercesor Elemental para que trabaje con los elementales vegetales. Recitaréis luego los Exorcismos del Fuego, Aire, Agua y Tierra.

[...]

Concluidos los cuatro Exorcismos del Fuego, del Aire, del Agua y de la Tierra, oraréis a vuestro Padre que está en secreto diciendo:

«Padre mío, Señor mío, Dios mío; a ti me dirijo en el nombre de Adi-Buddha Tetragrámmaton. Señor mío, por caridad, por el Cristo, AGLA, AGLA, AGLA, te suplico, HA, HA, HA*, ordenar a mi Intercesor y a este Elemental vegetal, colocarse dentro del órgano enfermo de –fulano de tal– **para sanarlo. Amén RA, Amén RA, Amén RA».**

Posteriormente el médico gnóstico se concentrará en el órgano del enfermo, imaginando al Elemental de la planta sanando al enfermo. Si son varias plantas, son varios los elementales vegetales y a cada elemental se le hará el mismo trabajo mágico.

Así sanará el enfermo a distancia. Los elementales vegetales realizan curaciones a distancia.

–Tratado de Medicina Oculta y Magia Práctica,
capítulo «Fórmulas de curación»–

---

* *En este mantra la hache debe pronunciarse con sonido de letra jota: JA, JA, JA.*

ALOAH VA DAATH

Bien saben los cabalistas hebraicos rabínicos que el mantra del mundo causal ha sido, es y será siempre ALOAH VA DAATH.

Meditar en tal palabra equivale a golpear en las puertas maravillosas del Gran Templo.

—La Doctrina Secreta de Anáhuac, capítulo 15—

ALUMINO

MAGIA ELEMENTAL DEL INCIENSO -BOSWELLIA SP-

El humo del incienso tiene el poder de hacer venir a los Maestros y ángeles del mundo invisible.

El incienso prepara el ambiente de los rituales gnósticos.

El incienso es un gran vehículo para las ondas espirituales de la pura devoción y ayuda al recogimiento místico, porque sirve de instrumento devocional.

Estos elementales usan túnica amarilla, y el mantra de ellos es ALUMINO.

Nosotros podemos invocar a estos elementales con su mantra para que preparen la atmósfera del incienso...

—Rosa Ígnea, capítulo 15—

AN

Durante siete días por lo menos y no menos de treinta minutos cada vez, acostado en su lecho, antes de quedarse dormido, sienta que el Fuego Sagrado del Espíritu Santo penetra en su cuerpo por el chakra pineal, y que en su descenso pone en movimiento sus chakras pituitario, laríngeo, cardíaco y solar, y sigue bajando hasta su chakra prostático y lo hace girar, de izquierda a derecha, resplandeciendo como bello loto de fuego en movimiento.

Todas las mañanas, después de su aseo matinal, párese con la cara hacia el Este como se lo hemos recomendado en el capítulo anterior y vocalice los mantras INRI y PANDER hasta que se familiarice con ellos; asimismo vocalice todas las mañanas, temprano, una de las sílabas que le hemos dado en capítulos anteriores. Como ejercicio de este capítulo vocalice la sílaba AN, así: AAAAAAANN-NNNNN.

–Magia Crística Azteca, capítulo 9–

ANTÍA DA UNA SASTAZA

Por ejemplo, si estáis en cuerpo astral y queréis invocar a un ángel, por ejemplo, al ángel Anael, el ángel del amor, lo invocáis.

Podéis invocarlo así: AAAAANTÍIIIIAAAAA, DA-UNA-SAS-TÁAAAAZAAAAA.

«¡Anael, Anael, Anael! ¡Venid hacia aquí, venid hacia aquí, venid hacia aquí! ¡Por el Cristo, por el Cristo, por el Cristo!»

Podéis estar seguros que Anael concurrirá a vuestro llamado.

Anael es un precioso niño; con él podéis platicar lo que queráis, con él podéis aprender muchas cosas; él sabe medicina, él sabe curar, él se relaciona con todos aquellos asuntos del amor, etc. Anael es muy sabio.

Si queréis invocar, por ejemplo, a cualquier ángel planetario, utilizad siempre la misma clave que habéis escuchado. Pero ante todo, mis caros hermanos o hermanas, es decir, los que me estéis escuchando, deberéis aprender a salir en cuerpo astral.

–El Quinto Evangelio, conferencia
«Naturaleza práctica del mensaje de Acuario»–

Realmente, estos mantras son buenos, pero existen unos mantras más sencillos y eficaces, a la vez que más cortos, para invocar a los Maestros. Estos mantras son los siguientes: ANTÍA DA UNA SASTAZA.

Estos mantras deben pronunciarse cantándolos, y antes de articularlos se pronuncia por tres veces el nombre del Maestro que se quiere invocar. Los enfermos podrán llamar al Maestro Hipócrates, padre de la medicina, o a Galeno, o a Paracelso, o a Hermes Trismegisto, etc., etc.

–Tratado de Medicina Oculta y Magia Práctica,
capítulo «Palabras curativas –mantras–»–

ARIO

El mantra ARIO prepara a los gnósticos para el advenimiento del Fuego Sagrado. Cántese todas las mañanas este mantra dividiéndolo en tres sílabas: A-RI-O. Alárguese el sonido de cada letra. Es aconsejable diez minutos diarios con esta práctica.

–Tratado Esotérico de Magia Rúnica, capítulo 10–

ARRONSA

Arronsa es el nombre del extracto anímico del cuerpo etérico. Arronsa es el mantra que el nuevo Maestro deberá vocalizar para despertar y hacer subir su Kundalini por la columna espinal del cuerpo etérico. Arronsa solo lo pueden pronunciar los Maestros, pero yo lo he escrito en este libro para que les sirva de guía a los nuevos Maestros que vayan naciendo con mis enseñanzas.

–Tratado de Medicina Oculta y Magia Práctica,
capítulo «El Kundalini»–

ATHAL BATHEL NOTHE...

Oración mágica para hacerse invisible

Tened fe y pronunciad las siguientes palabras mágicas:

Athal, Bathel, Nothe, Jhoram, Asey, Cleyungit, Gabellin, Semeney, Mencheno, Bal, Labenentem, Nero, Meclap, Haleteroy, Palcin, Tingimiel, Plegas, Peneme, Fruora, Hean, Ha, Ararna, Avira, Ayla, Seye, Peremies, Seney, Levesso, Huay, Baruchalu, Acuth, Tural, Buchard, Caratim, per misericordiam abibit ergo mortale, ut perficiat qua hoc opus, ut invisibiliter ire possim.

O tu Pontation, Magister invisibilitatis, cum Magistris tuis, Tenem, Musach, Motagren, Bries vel Brys, Domedis, Ugemal, Abdita, Patribisib, Tangadentet, Ciclap, Clinet, Z, Succentat, Colleig, Bereith et Plintia, Gastaril, Oletel, conjuro te Pontation, et ipsos ministros invisibilitatis per illum qui contremere facit orbem per Coelum et Terram, Cherubim et Seraphim, et per illum qui generare fecit in Virgine et Deus est cum homine, ut hoc experimentum perfecte perficiam, et in quaecumque hora voluero, sim invisibilis; iterum conjuro te et tuos Ministros, pro Stabuches et Mechaerom, Esey, Enitgiga, Bellis, Semonei, ut statim venias cum dictis ministris tuis et perficias hoc opus sicut scitis, et hoc experimentum me invisibilem faciat, ut nemo me videat. Amén.

Nota 1: Tal y como el Venerable Maestro Samael afirmaba, para conseguir este propósito se necesitaban fundamentalmente tres cosas: la meditación, la oración y el ayuno.

Nota 2: Bueno es que sepa el lector el significado de las frases en latín que en estas fórmulas aparecen:

Parte primera

–Nombre de diferentes seres– por misericordia, se aleje por lo tanto de lo mortal, esta obra haga que, de alguna manera, yo pueda ir invisiblemente.

Parte segunda

O tú Pontation, Maestro de la invisibilidad, con tus Maestros –siguen los nombres de esos Maestros– te conjuro a ti Pontantion y a esos mismos ministros de la invisibilidad por ese que hace estremecer el orbe en Cielo y en Tierra, Cherubim y Seraphim, y por ese que hizo procrear en una Virgen y es Dios y hombre, para que yo lleve a cabo perfectamente este experimento y, en cualquier hora que quiera, sea invisible; otra vez conjuro a ti y a tus ministros, por –nombre de los seres– para que inmediatamente vengas con dichos ministros tuyos y lleves a cabo esta obra como sabes y este experimento me haga invisible, para que nadie me vea. Amén.

−Tratado de Medicina Oculta y Magia Práctica,
capítulo «Conjuros y Oraciones de Protección»

Esta clase de fórmulas mágicas tiene como base a la fe real e inquebrantable.

Tal fe hay que fabricarla mediante el estudio analítico de fondo y la experiencia mística directa.

−La Doctrina Secreta de Anáhuac, capítulo 15−

ATOYA

El nardo es el perfume más sublime del amor.

El nardo es el perfume de aquellos que ya pasaron a la otra orilla.

El nardo pertenece al Alma Humana −cuerpo causal o cuerpo de la voluntad, Manas superior−.

El nardo es el perfume de la quinta Iniciación de Misterios Mayores.

El nardo pertenece al cuerpo causal cristificado.

El nardo es el perfume de los altos Iniciados.

El nardo es una planta perteneciente al plano causal.

El nardo es el perfume del Liberador.

El nardo es el perfume de los Hierofantes de Misterios Mayores.

Hablando esotéricamente, debemos librar grandes batallas para conseguir el nardo.

El perfume del nardo actúa eficazmente sobre la conciencia de los artistas.

Donde quiera que haya arte y belleza debe estar la fragancia del nardo.

El planeta del nardo es Saturno.

El mantra de las poblaciones elementales de los nardos es ATOYA.

Estas criaturas elementales de los nardos pueden ser utilizadas con fines amistosos.

El nardo es el perfume de la Nueva Era Acuaria.

—*Rosa Ígnea*, capítulo 15—

AU

El pino es el árbol de Acuario. El pino es el árbol de la Nueva Era. El pino es signo del pensamiento acuariano.

El elemental del pino posee toda la sabiduría de la caña. Este elemental tiene un aura blanca inmaculada y llena de belleza.

Cada pino tiene su elemental propio, porque toda planta y todo árbol tiene cuerpo, alma y espíritu, como los hombres.

Los poderes ígneos del elemental del pino flamean entre las llamas abrasadoras del universo.

El ángel que gobierna a estas poblaciones elementales de los pinos trabaja con la generación humana.

Este ángel está encargado de hacer llegar las almas humanas al ambiente que les corresponde en cada reencarnación, de acuerdo con las leyes kármicas.

Estos elementales de los pinos tienen el poder de mostrarnos en el agua las cosas del futuro.

El oficiante, vestido con su túnica, hará que un niño inocente mire fijamente en un recipiente con agua.

En la puerta del templo se pondrá una piedra durante todo el tiempo que dure el oficio.

El niño estará vestido con túnica blanca.

Este rito del pino se realiza en nuestros templos subterráneos, o en cualquier cueva del bosque.

Todo niño es clarividente entre la edad de los primeros cuatro años.

Si nuestros discípulos quieren despertar la divina clarividencia deben reconquistar la infancia perdida.

[...]

Durante el rito del pino, el sacerdote se acostará en el suelo, mientras el niño esté observando la superficie del agua cristalina.

Luego el sacerdote vocalizará la sílaba AU varias veces.

Sobre el niño se pondrá una rama de pino. Esta rama hará sombra sobre la cabeza del niño, pero no tocará la cabeza del niño.

Entonces el niño verá clarividentemente el sitio deseado.

Bastará ordenarle al niño ver, y el niño verá.

Habrá que ordenarle imperiosamente al elemental del pino que le muestre al niño la persona, sitio, o lugar que nos interese.

Debe implorarse también la ayuda del Espíritu Santo durante este trabajo ritual del pino.

Nuestros discípulos deben cambiar el proceso del razonamiento por la belleza de la compresión.

[...]

La mente debe volverse completamente infantil.

La mente debe convertirse en un niño lleno de belleza.

El pino es el árbol de Acuario.

La magia del pino está totalmente relacionada con los niños.

El pino es el árbol de Navidad.

El pino es el árbol del Niño Dios.

Debemos reconquistar la infancia perdida.

El pino es el símbolo de la mente de la Nueva Era.

—Rosa Ígnea, capítulo 12—

AUIM-AUEM-AUOM-AUM-AUAM

El mantra AUM sirve para abrir los chakras del gran simpático.

AUIM, para el plexo cavernoso de la pituitaria, centro de la clarividencia.

AUEM, para el plexo de la glándula tiroides, centro del oído oculto.

AUOM, para el corazón, centro de la intuición.

AUM, para el plexo solar, región del epigastrio, centro telepático.

AUAM, para los chakras pulmonares, que nos permiten recordar nuestras vidas pasadas.

El AUM es prototáttvico, y nos permite despertar nuestros poderes táttvicos. Se abre la boca con la vocal A, se redondea con la O y se cierra con la M.

El mismo sistema será para las sílabas AUIM-AUEM-AUOM-AUM-AUAM.

—Los Misterios del Fuego, capítulo 11—

AUM

Todo esto se sintetiza en el mantra AUM, cuya verdadera pronunciación es AOM. La A es el Íntimo, la O es la conciencia del Íntimo y la M es la mente del Íntimo. El que medite internamente en este mantra llegará al despertar de la Conciencia.

Caos se descompone en Kaom. Y Kaom se expresa como AOM. Pero en el principio todo salió del Caos.

La clave del «Pranava» —o ciencia de los mantras— se halla en la Conciencia. Las ondas de la Conciencia nutren a la mente. Hay que sentir los mantras, pues todo su poder reside en las funciones superlativas de la Conciencia. La mente es tan solo un instrumento de la Conciencia, y, por ende, antes de vocalizar los mantras, debemos vivirlos en la Conciencia mística.

IN-EN-ON-UN-AN se vocalizarán una hora diaria así:

IIIIIIINNNNNNN

EEEEEEENNNNNNN

OOOOOOOONNNNNNN

UUUUUUUUNNNNNNN

AAAAAAAANNNNNNN.

Las cinco vocales —I-E-O-U-A— hacen vibrar los chakras, discos o ruedas magnéticas de nuestro cuerpo astral, transmutando con ellos los tattvas en hormonas, pues cada chakra es el regulador de nuestras glándulas endocrinas. Estas son para el organismo humano verdaderos laboratorios biogenéticos, cuya misión es transmutar los tattvas en hormonas.

Las ondas de la Conciencia reúnen los pensamientos afines y armoniosos para fortalecernos. Todo existe por AUM, todo vive por AUM, todo viene a la existencia por AUM, pero en el principio solo existía el Caos divino.

La vocal A es la materia prima de la Gran Obra, es el tattva de todo cuanto viene a la existencia. La vocal U es la Conciencia mística o las Conciencias místicas. Y la vocal M —la M también es vocal– es la incesante transformación y existencia que los Dioses crean con la mente.

Concretemos para mayor comprensión: la Tierra en estado nebuloso fue A; en sus procesos de gestación o formación, dirigida por la Conciencia cósmica, fue U; poblada de toda clase de seres vivientes fue M.

El germen embrionario, en los primeros días dentro del claustro materno es A. El feto en gestación es U. El niño bienvenido a la existencia es M. AUM lo vive el animal, AUM lo vive el hombre.

AUM se pronuncia esotéricamente AOM, y en este mantra se encierra el poder de todos los tattvas. El número cabalístico de AUM es 666*, y no el 10 como enseña el Mago Negro Cherenzi.

Para que AUM pueda expresarse plenamente en nosotros tenemos que preparar todos nuestros siete vehículos. AUM tiene las siete notas de la escala musical, que corresponden a los siete mundos cósmicos y a nuestros siete cuerpos. Las siete palabras del calvario nos dan poder sobre los siete mundos cósmicos. Para que la Conciencia mística pueda expresarse a través de nosotros como intuición tenemos que preparar nuestros siete cuerpos por medio de la Magia sexual.

Antes de realizar el mantra AUM tenemos que vivir el mantra IAO. La Magia sexual es IAO. El Kundalini es IAO.

La fórmula para despertar el Kundalini reside exclusivamente en el acto sexual: introducir el miembro viril en la vagina y retirarlo sin derramar el semen. Es nuestra axiomática prescripción a los estudiantes gnósticos. Durante estos trances se vocalizará el mantra IAO, y se meditará en el Fuego y en el Íntimo.

El AUM se pronunciará abriendo bien la boca con la A, redondeándola con la O y cerrándola con la M.

–Tratado de Medicina Oculta y Magia Práctica,
capítulo «La Meditación»–

---

* *Todo número en Kábala tiene dos aspectos: uno positivo y otro negativo. El 666 en su aspecto negativo hace alusión a la Bestia de siete cabezas y diez cuernos que menciona el Apocalipsis de San Juan, pero en su lado positivo el 666, como afirma el V.M. Samael, es la síntesis cabalística del mantra AUM.*

Siéntese el discípulo en un cómodo sillón, y durante cinco minutos permanecerá sin pensar en nada.

Luego ore al Íntimo, así:

«Padre mío, tú que eres mi verdadero Ser, te suplico que te transportes a la estrella principal de la Constelación de Aries para que me traigas a esta humilde casa al Genio principal de esa Constelación, a fin de que cure mi cerebro y despierte todos los poderes ocultos de mi cabeza».

Luego, el discípulo, con las manos entrelazadas sobre el corazón, hará una pequeña venia saludando al guardián de la columna derecha –inspirando hondo, como un suspiro–, y enseguida pronunciará la palabra de pase «Jakin». Enseguida hará idéntico saludo al guardián de la izquierda, y pronunciará la palabra «Bohas». Después orará nuevamente a su Íntimo, así:

«Padre mío, dad los siete pasos sagrados hacia dentro, hacia el interior del templo, y póstrate a los pies del Genio principal de Aries, rogándole que venga a despertar los poderes de mi cerebro y a inundar de luz mi cabeza».

Luego, el discípulo pronunciará el mantra AUM. Este mantra se pronuncia abriendo bien la boca con la vocal A, redondeándola con la vocal O y cerrándola con la letra M, así: AAAAAOOOOOM-MMMM.

Este mantra se pronuncia cuatro veces con la intención de que la luz inunde todo nuestro cerebro. A continuación el discípulo se pondrá de pie, extenderá su mano derecha hacia adelante y moverá la cabeza siete veces hacia adelante y siete hacia atrás; siete dándole vueltas por el lado derecho y siete dándole vueltas por el lado izquierdo, con la intención de que la luz inunde y actúe dentro de todas las glándulas del cerebro.

La glándula pineal está influenciada por Marte, y la glándula pituitaria por Venus. La glándula pituitaria produce el sueño, y la pineal nos incita a la lucha, y, de esta manera, mientras Venus quiere dormir, Marte quiere seguir luchando.

–Curso Zodiacal, capítulo 1–

Imaginad al Espíritu Universal de Vida como un océano sin playas, sin orillas; pensad por un momento en alguna ola que surge para perderse nuevamente entre el líquido elemento, tal onda diamantina sería entonces Ishwara.

Brahman, el océano del Espíritu, se manifiesta como Ishwara, el Maestro de Maestros, el Gobernador del universo.

En él se hace infinita esta omnisciencia que en los otros existe solamente en germen.

Él es el Maestro incluso para los antiguos Maestros, no estando limitado jamás por el tiempo; la palabra que le manifiesta es AUM.

—Tratado Esotérico de Magia Rúnica, capítulo 44—

Llamé a cierto Gran Maestro diciendo:

«¡Ven! ¡Ven! ¡Ven! Profeta de Ra-Hoor-Khu. ¡Venid hacia mí! ¡Quiere cumplirla! ¡Quiere cumplirla! ¡Quiere cumplirla! AUM... AUM... AUM...».

—El Misterio del Áureo Florecer, capítulo 4—

Siéntese el discípulo en un cómodo sillón. Cierre sus ojos. Aparte de su mente todo pensamiento. Adormézcase un poco y, luego, enfoque su mente hacia dentro, hacia el Íntimo, orando así:

«Padre mío, transpórtate ahora a la Estrella principal de Taurus. Entra por las puertas del Templo Corazón haciendo los saludos que tú ya sabes, y ruégale al Genio sideral de esa estrella y a sus ángeles que se dignen venir hasta mí para que me preparen y curen mi laringe».

Luego, adormecido el discípulo, imagine ver la luz acumulada en su cabeza descendiendo ahora a la garganta, al tiempo que pronuncia la palabra AUM. Con la vocal A imagina la luz descender de la cabeza a la garganta; con la vocal O imaginará la luz inundando la garganta, y con la vocal M exhalará el discípulo el aliento como espirando las escorias que residen en la garganta. Este mantra se pronuncia cuatro veces.

He de advertir a mis discípulos que los saludos, tal como los describí cuando hablé de Venus, junto con las palabras de pase «Jakin» y «Bohas,» se aplican a todas las estrellas del cielo.

Así pues, los Genios de la Constelación de Tauro vendrán personalmente a despertar los poderes de la laringe, y si el discípulo tiene alguna enfermedad laríngea puede solicitar a estos Genios de Tauro ser curado, y ellos lo curarán. También podrá el discípulo aprovechar estos poderes para sanar a otros.

—Curso Zodiacal, capítulo 2*—*

Todo hombre tiene una nota clave que lo caracteriza, y esa nota clave es la del rayo al que pertenece. Esa nota clave vive resonando en todo nuestro organismo, y, si el chela quiere salir en cuerpo astral con facilidad, le basta escuchar en el silencio de la noche esa nota clave que parece salir de dentro de las celdillas del cerebelo y luego hacerla resonar más fuertemente con la voluntad; y entonces, cuando ya el sonido invada todo su cerebelo, se parará [se pondrá de pie] suavemente de su cama, y al intentar caminar, notará que pesa menos, y es que se ha levantado en astral, y su cuerpo ha quedado en su lecho. Claro que el instante que se debe aprovechar para ese experimento es el estado de transición entre la vigilia y el sueño; ese es el instante maravilloso para salir en cuerpo astral.

Si un músico, tocando un instrumento, diera con la nota clave que lo caracteriza y prolongara su sonido clave, caería instantáneamente muerto.

Las siete vocales: I-E-O-U-A-M-S viven resonando en toda la Naturaleza.

La vocal M y la vocal S tienen gran importancia en el mantra AUM y el mantra ISIS.

El gran mantra AUM se pronuncia así: AAAAAOOOOOMM-MMM.

El mantra ISIS, que se utiliza para desarrollar la clarividencia, se pronuncia así: IIIIISSSSSIIIIISSSSS.

—*Matrimonio Perfecto de Kínder*, capítulo 6—

También vocalizaba el Maestro el gran mantra AUM. Este mantra se vocaliza esotéricamente AOM: se abre bien la boca con la A, se redondea con la O y se cierra con la M. Todo se engendra con la A, se gesta con la O y nace con la M.

El que quiera nacer tiene que entrar al vientre de una mujer para tener derecho a nacer. Cada letra del AOM hay que alargarla en forma sostenida.

—*Misterios Mayores*, capítulo 38—

El mantra oriental AUM se vocaliza esotéricamente así: AAAAAOOOOOMMMMM.

Divide su vocalización en siete tiempos pequeños. Vocalizad con fe, hermanos míos, y triunfaréis. No perdáis el tiempo teorizando, no perdáis el tiempo alimentándoos con la comida que se ofrece a los ídolos: teosofismos, rosacrucismos, espiritismos. De esa clase de comidas se alimentan únicamente los discípulos de Jezabel, que se dice profetiza, y que engaña y enseña a los siervos a fornicar y a comer cosas ofrecidas a los ídolos.

Sed prácticos, porque la Nueva Era de Acuario necesita hombres prácticos, hombres despiertos, hombres iluminados. No más teorizantes, no más escuelas, no más necedades.

—*El Quinto Evangelio*, conferencia «Didáctica mántrica»—

AUM A RA VA SA MA DI DI DI DI DI

«Padre mío, Dios mío, Señor mío, tú que eres mi Real Ser, te suplico que con tu poder nos invoques al divino Maestro Granadí».

«Bendito Granadí, glorioso Granadí, poderoso Granadí. ¡Te llamamos! ¡Te invocamos!... Por la gloria del Cristo, por el amor del Cristo, por la caridad del Cristo. ¡Concurrid! ¡Concurrid! ¡Concurrid!».

Pronunciamos una vez el mantra ANTÍA DA UNA SASTAZA.

Esta invocación se realizará un total de tres veces junto con el mantra.

«Adorable Granadí, te hemos llamado para suplicarte que nos orientes espiritualmente a todos los hermanos aquí reunidos. Pedimos el despertar de la Conciencia, aquí en el mundo físico y en los mundos internos. Haz un trabajo de alta magia sobre nuestro cuerpo físico y sobre nuestros cuerpos internos para que se activen todos nuestros chakras, glándulas, vórtices, discos magnéticos, plexos nerviosos... Anhelamos el desarrollo armonioso de las facultades superiores del alma. Muéstranos en los mundos superiores nuestras existencias pasadas. Oriéntanos en el trabajo psicológico. Ayúdanos a desarrollar la inteligencia para combatir nuestras debilidades... Te lo rogamos en el nombre del Cristo, por la gloria del Cristo, por la sangre del Cristo».

AUM A RA VA SA MA DI DI DI DI DI.

[La petición y los mantras se repetirán un total de tres veces].

–Cadena para recibir orientación espiritual
con el V.M. Granadí–

Para activar la inteligencia en nuestro cerebro se utilizarán los mantras siguientes:

AUM A RA VA SA MA DI DI DI DI DI.

–Antiguo *Manual del misionero*,
capítulo «El desarrollo de la inteligencia»–

AUM CHIVA TUN E

Sabed que la clariaudiencia es la facultad que nos permite a nosotros escuchar en el «ultra», oír en el «ultra». El hombre que desarrolla la clariaudiencia puede escuchar las voces de los desencarnados, las voces de los Ángeles, de los Tronos, de los Querubines, de los Serafines, etc., etc.

Esta maravillosa facultad está situada exactamente sobre la glándula tiroides. La glándula tiroides está en la laringe; es una glandulita muy importante: secreta el yodo biológico. En esa glándula hay un chakra maravilloso, un chakra que al ser despertado nos confiere el poder de oír en el «ultra».

Los mantras para el despertar de la clariaudiencia son muchos. Voy a enseñaros algunos. En todo caso, empecemos por la E. Sabed vosotros que la E es el fundamento de todos los mantras relacionados con la clariaudiencia. La letra E se vocaliza así: EEEEE. Esto se hace muchas veces, y se continúa durante 10 minutos, 15 minutos, media hora...

Al terminar uno de vocalizar la letra, pues hay que volver nuevamente a inhalar el oxígeno –y se inhala por la nariz, claro–, y luego, al exhalarlo, se vocaliza nuevamente así: EEEEEEE.

Esa es la letra fundamental de la clariaudiencia. Ahora voy a enseñaros algunos mantras para el desarrollo de esa facultad. Empecemos con el siguiente:

[Mantra AUM CHIVA TUN E]

AAAAAOOOOOMMMMM

CHIIIII-VAAAAA

TUNNNNN

EEEEEEE.

Como veis este mantra es maravilloso, su vibración es formidable. Con estos mantras lograréis el desarrollo de la clariaudiencia. Despertad la clariaudiencia, mis caros hermanos. Es necesario que aprendáis a oír, repito, en los mundos superiores. Sed constantes y vocalizad siempre los mantras hasta lograr el desarrollo de vuestras facultades superlativas trascendentales.

Otro mantra también bastante importante para el desarrollo de la clariaudiencia ha sido siempre el mantra EN. Todo radica, hermanos, en el poder de la meditación sabiamente combinada con la oración mística y la entonación de las dos letras E y N, así: EEEEEEENNNNNNN.

Si vocalizáis combinando la meditación con la oración, obtendréis el desarrollo de vuestras facultades en muy poco tiempo...

—El Quinto Evangelio, conferencia
«En el principio era el Verbo»—

Hay otro mantra que auxilia a adquirir clariaudiencia: AUM CHIVA TUN E.

El AUM se vocaliza así: ábrase bien la boca para pronunciar la A, redondéese con la O y ciérrese con la M, y prolónguese cada sonido vocal.

El mantra CHI vocalícese sosteniendo largamente el sonido de la I.

El mantra VA, prolongando la vocal A.

El mantra TUN, con fuerza, de manera que la letra T golpee en la U, y esta U se prolongará bastante. Y con la N se le dará una resonancia acampanada.

Por último, la E sola se alargará lo más que se pueda, así: EEEEE.

En AUM, la vocal A sube de tono y desciende del tono en UM, y el resto de los mantras en tono más bajo que UM.

—Logos, Mantra, Teúrgia, capítulo 9—

Otras referencias:

—Manual de Magia Práctica, capítulo 3—

AUM TAT SAT TAN PAN PAZ

Poderoso mantra que alegoriza al Aelohim y al Elohim de la Kábala hebraica descendiendo a la materia hasta llenarlo todo de armonía. Se debe pronunciar de tal forma que se alarguen todos los sonidos excepto los de las sílabas TAT, SAT y PAZ.

—Liturgia Gnóstica, capítulo «Mantras litúrgicos»—

El mantra AUM TAT SAT TAN PAN PAZ se debe pronunciar así:

AAAAAOOOOOMMMMM

TAT

SAT

TANNNNN

PANNNNN

PAZ.

Tomando toda la respiración en cada sílaba alargada.

—Litúrgia Gnóstica, capítulo
«Pronunciación del mantra AUM»—

AZOTH —ALEPH Y THAU—

Se consagra el Pentagrama con los Cuatro Elementos recitando los exorcismos del Fuego, del Aire, del Agua y de la Tierra.

Se sopla cinco veces sobre la figura mágica.

Se asperge cinco veces sobre la Estrella Flamígera con el agua ritual.

Se seca la figura del Pentagrama con el humo de cinco perfumes: incienso, mirra, aloe, azufre y alcanfor.

Después se coloca alternativamente el Pentagrama en el suelo, en el Norte, en el Mediodía, al Oriente y al Occidente.

Se pronunciará el nombre sagrado de ALEPH y el del THAU reunidos en el nombre cabalístico del AZOTH.

Al soplar cinco veces sobre la Estrella Flamígera se invocarán a los Cinco Auxiliares mágicos.

[...]

Los Cinco Auxiliares son los Cinco Genios: Gabriel, Raphael, Uriel, Michael y Samael.

—*Pistis Sophia develada*, capítulo 1—

BAR

Combínese inteligentemente los ejercicios de Bar con los de la Runa Tyr o Tir*.

Colóquense los brazos en alto y bájense las manos a semejanza de conchas, cantando los mantras TIR y BAR, así:

TIIIIRRRRR

BAAAAARRRRR.

Objetivos de esta práctica:

1.- Mezclar sabiamente dentro de nuestro universo interior las fuerzas mágicas de las dos Runas.

2.- Despertar Conciencia.

_____

* Lo que explica el V.M. Samael se refiere a combinar la Runa Tyr con la Runa Bar. Empero, lo mejor es hacer cada Runa completa, una después de la otra y cada Runa con su mantra.

3.- Acumular íntimamente átomos crísticos de altísimo voltaje.

Nota: La tradición hermética indica que en esta Runa – Runa Bar– el brazo izquierdo se pondrá en forma de jarra con la mano apoyada en la cintura, y la pierna izquierda haciendo también de jarra, de modo que la punta del pie toque el suelo. Esta Runa se recomienda practicarla en combinación con la Runa Tyr –primero una y luego otra, así alternativamente–.

–Tratado Esotérico de Magia Rúnica, capítulo 19–

BELILIN...

Aquellos que recorren la Senda suelen ser atacados por los tenebrosos cuando se entregan al reposo del sueño. En los mundos internos existen templos de Magia Negra, y desde luego sus afiliados tenebrosos envían a ciertas magas negras, bellísimas y seductoras, hacia el estudiante, con el único propósito de hacerlo caer sexualmente.

Y ellos y ellas saben que, si el estudiante derrama el líquido seminal, el Kundalini desciende... ¡Y el estudiante débil e incauto pierde su poder!

CANTO MÁNTRICO

Entonces es necesario que el estudiante aprenda a defenderse de esos ataques nocturnos. Al efecto, el Ángel Aroch nos reveló un canto mántrico para la defensa personal en contra de los tenebrosos. Ese canto se entona antes de dormir:

«BELILIN, BELILIN, BELILIN,

ánfora de Salvación;

quisiera estar junto a ti,

el materialismo no tiene fuerza junto a mí.

BELILIN, BELILIN, BELILIN».

Estos mantras se deben cantar poniendo todo nuestro amor y sentimiento. Así nos defendemos de los tenebrosos.

Recordad que en el amanecer de la vida los Padres de los Dioses les enseñaron a los constructores del universo las Leyes Cósmicas cantando deliciosamente.

Hay que cantar estos mantras con toda el alma. Hay que cantarlos con hondo sentimiento. Así nos defendemos de los tenebrosos.

Cuando el ser humano se habitúa a practicar diariamente Magia sexual es imposible que los tenebrosos puedan descargar su valiosa reserva seminal; no solo esto, sino que terminan las poluciones nocturnas, si las hubo.

–Logos, Mantra, Teúrgia, capítulo 10–

Otras referencias:

–El Quinto Evangelio,
conferencia «Naturaleza práctica del mensaje de Acuario»–

–El Quinto Evangelio, conferencia «Didáctica mántrica»–

BHUR

IGLESIA DE ÉFESO O CHAKRA MULADHARA

Situado exactamente en la base de la columna espinal, en la misma raíz de nuestros órganos genitales, entre el ano y los órganos genitales.

Despierta este centro cuando el hombre y la mujer se unen sin eyaculación del semen, es decir, con la práctica de la Magia sexual.

Este chakra es fundamental, pues nutre con su energía a los otros centros. El Kundalini se halla encerrado en este centro.

De aquí emanan cuatro nadis semejantes a los pétalos del loto.

Los siete planos de Conciencia Cósmica se hallan debajo de este centro magnético o Iglesia de Éfeso.

El mantra de este chakra es BHUR.

–Misterios Mayas, capítulo 11–

Otras referencias:

–Los Misterios del Fuego, capítulo 5–

BHUVAR

Iglesia de Esmirna o chakra Svadhisthana.

Conforme el yogui va despertando su Conciencia superlativa, va adquiriendo múltiples poderes o siddhis.

En los mundos internos la palabra tiempo es sinónimo de grados esotéricos de Conciencia.

Este chakra es la morada del tattva Apas. El Genio Elemental del agua, Varuna, se relaciona con él. Resplandece con el Fuego del Kundalini y tiene seis pétalos maravillosos.

El mantra es BHUVAR.

El que despierta este centro aprende a manejar a las criaturas elementales de las aguas y conoce las distintas entidades astrales. Se conquista a la muerte con el despertar de este chakra.

Situado dos dedos debajo del plexo solar, controla riñones, abdomen y órganos de la parte inferior del abdomen.

–Misterios Mayas, capítulo 11–

BOYA BOYA BOYA

Esta planta maravillosa sirve para salir en cuerpo astral. El mantra del jayo es BOYA BOYA BOYA.

Existe una fórmula secreta para preparar con el jayo una pócima que permite al mago salir en cuerpo astral. Tendré buen cuidado de no divulgar esa fórmula sagrada, porque la humanidad no está preparada para recibirla.

—Tratado de Medicina Oculta y Magia Práctica,
capítulo «Magia Elemental del jayo −coca−»−

CHIN

Repetida varias veces la palabra CHIN llamamos a los cerdos.

—Logos, Mantra, Teúrgia, capítulo 13–

CHIS-CHES-CHOS-CHUS-CHAS

CHIS: Clarividencia.

CHES: Clariaudiencia.

CHOS: Intuición, chakra del corazón.

CHUS: Telepatía, plexo solar.

CHAS: Memoria de las vidas pasadas, chakras pulmonares.

Vocalización: La vocalización debe hacerse así: se prolonga el sonido de cada letra. La combinación CH abunda considerablemente en los mantras hebreos y es de inmenso poder mágico.

La vocalización de cada mantra hace vibrar el centro magnético, chakra o disco con el cual se halla relacionada. La S está íntimamente conectada con el fuego, y se vocaliza dándole una entonación especial, un sonido silbante, agudo, semejante a aquel que producen los frenos de aire comprimido de cualquier máquina.

—Logos, Mantra, Teúrgia, capítulo 7—

Utilizábamos muchos mantras, y cada vocalización de I-E-O-U-A la combinábamos, por ejemplo, con la CH, y el resultado siempre fue maravilloso.

Con los mantras CHIS-CHES-CHOS-CHUS-CHAS se obtienen siempre maravillosos resultados en esta cuestión del despertar de poderes. Estos mantras se vocalizan así:

CHIIIIISSSSS

CHEEEEESSSSS

CHOOOOOSSSSS

CHUUUUUSSSSS

CHAAAAASSSSS.

La combinación de la CH con la vocal, poniéndole la letra S al final del mantra, es algo extraordinario, algo maravilloso. Giran los chakras potentemente, se despiertan los sentidos internos del hombre. Empero, vuelvo a repetir, hermanos, practiquen sin cansarse, no se cansen. Estos son ejercicios que los debe uno practicar durante toda su vida; uno debe acostumbrarse a estos ejercicios lo mismo que al desayuno.

Si en la vida coge uno tantos vicios, si en la vida a muchos les da por coger el vicio del licor, el vicio del cigarrillo, etc., pues mejor que esos vicios es la práctica de los mantras; es mucho mejor que estar en cantinas, en tabernas. Uno llega a querer tanto a los mantras que al fin no se siente uno bien el día que no ha practicado sus ejercicios. ¡Sed tenaces, pues, hermanos, sed tenaces! Es el consejo que yo os doy a vosotros.

−El Quinto Evangelio, conferencia
«En el principio era el Verbo»−

CLARIVIDENCIA

El mantra CHIS sirve para despertar el poder de la clarividencia; ese mantra se pronuncia así:CHIIIIISSSSS.

CLARIAUDIENCIA

El mantra CHES es poderosísimo para despertar el oído mágico; este mantra se vocaliza así: CHEEEEESSSSS.

INTUICIÓN

El mantra CHOS también sirve para despertar el chakra del corazón; se vocaliza este mantra así: CHOOOOOSSSSS.

TELEPATÍA

El plexo solar es el centro de la telepatía.

Nosotros tenemos una verdadera estación inalámbrica establecida en nuestro organismo.

El plexo solar recoge las ondas mentales que viajan a través del espacio y las pasa a nuestro cerebro; así es como los pensamientos ajenos llegan a nuestro cerebro. Esto se llama telepatía.

El plexo solar se desarrolla con la vocal U.

El mantra CHUS es poderosísimo para desarrollar el chakra del plexo solar; este mantra se vocaliza así: CHUUUUUSSSSS.

CLAVE PARA RECORDAR VIDAS PASADAS

El mantra CHAS es eficaz para desarrollar los chakras pulmonares.

En instantes de estar dormitando el alma se sale del cuerpo físico y viaja a través de los mundos suprasensibles. En los mundos internos revivimos nuestras pasadas reencarnaciones.

—Manual de Magia Práctica, capítulo 3—

CHU CHU CHO CHO CHA CHA

San Cipriano habla muchísimo sobre la gallina negra, el Elemental animal de la gallina negra es poderosísimo. Desgraciadamente la gente solo utiliza los Elementales para el mal, porque la gente es mala.

El Elemental de la gallina negra se puede utilizar para el bien, para los Jinas Blancos.

[...]

El estudiante gnóstico puede cambiar la relación psicológica que normalmente existe entre la mente y la materia. Al realizarse esta alteración, las moléculas del cuerpo físico vibran más rápido y el estudiante entonces puede meterse con su cuerpo físico dentro de las dimensiones cuarta, quinta y sexta.

En este trabajo puede ayudarnos el Elemental de la gallina negra cuando sabemos cómo.

INDICACIÓN

Téngase junto a la cama una gallina negra. Gánese usted el cariño de esa gallina. Cuídela con esmero. Duerma usted con la gallina junto a su cama.

Concéntrese en la gallina negra, vocalice los mantra CHU CHU CHO CHO CHA CHA, como imitando a la gallina cuando llama a sus polluelos a comer; o como el gallo que escarbando la tierra llama a sus gallinas a comer. Haga esto con amor infinito, suplíquele al Elemental de la gallina negra que lo lleve con cuerpo físico a cualquier remoto lugar de la tierra. Adormézcase haciendo este trabajo mental, y lleno de mucha fe para cambiar la relación psíquica de la mente con la materia. Tenga usted fe en la ciencia tótem. No dude del tótem.

Adormézcase haciendo este trabajo mental y cuando ya usted experimente en su cuerpo ese estado de laxitud propio del sueño haga un esfuerzo supremo para vencer a su principal enemigo: la pereza. Levántese de su cama conservando el sueño como si fuera oro en polvo, así como se lo decimos: oro en polvo. Recuerde que el poder principal está en el sueño. No esté acostado en la cama; le repetimos: levántese de su cama conservando el sueño, dé ahora un saltito y entonces experimentará la dicha de flotar.

—El Matrimonio Perfecto, capítulo 26—

CRÓAC

Ciertas tribus de América, cuando quieren lluvia para sus cultivos, reunidos sus miembros asumen la figura del sapo, lo imitan y luego, en coro, remedan el croar de los mismos; el resultado no se hace esperar demasiado.

—La Doctrina Secreta de Anáhuac, capítulo 15—

PRIMERA POSICIÓN

Los devotos de la Senda, colocados en el suelo, deberán imitar la posición del sapo.

SEGUNDA POSICIÓN

Los devotos, acostados en su lecho —o también en el suelo— en decúbito dorsal —boca arriba—, con el tronco inclinado hacia arriba y la cabeza lo más baja posible, deberán entonces inflarse o hincharse como el sapo cuando está furioso.

ACTITUD MENTAL DE LA PRIMERA POSICIÓN

Voluntad e imaginación unidas en vibrante armonía. Identifíquese el estudiante gnóstico con el sapo. Imagínese estar entre un arroyo de aguas puras de vida. Una su voluntad e imaginación para hacer subir sus energías sexuales desde sus órganos sexuales hasta el cáliz sagrado del cerebro. El estudiante gnóstico debe hacer subir su energía seminal por el par de cordones simpáticos que se enroscan en la médula espinal formando el famoso Caduceo de Mercurio.

ACTITUD MENTAL DE LA SEGUNDA POSICIÓN

Voluntad e imaginación unidas en vibrante armonía. Ínflese el estudiante como lo hace el sapo. Esto solo es posible con la respiración. Al inhalar el aire vital imaginad la energía seminal ascendiendo por vuestros dos canales simpáticos que se enroscan graciosamente en la médula espinal. Llevad esa maravillosa energía seminal hasta el cerebro; luego, conducidla hasta el corazón. Entonces exhalad el aire vital fijando la energía en el Templo Corazón. Nuestra divisa es Thelema –voluntad–.

Mantra DE ESTA PRÁCTICA

Imitad el canto del sapo. Ese misterioso croar del sapo es el mantra.

ORIGEN DE ESTA PRÁCTICA

La Divina Madre Cósmica nos dio a todos los hermanos esta maravillosa llave del Arca de la Ciencia. La Madre Divina vela por todos sus hijos. El sapo sobre la flor inmaculada del loto entre las aguas puras de la vida es un símbolo sexual arcaico en el viejo Egipto de los faraones.

–*El Libro Amarillo*, capítulo 9–

Otras referencias:

–*Logos, Mantra, Teúrgia*, capítulo 13–

DANTER ILOMBER BIR

En los *calmecac –calli*, 'casa'; *mecatl*, 'cuerda', 'lazo'; corredor largo y estrecho en las habitaciones interiores de un edificio– tenía lugar una ceremonia ofrecida a Xochipilli. Once niños, todos hijos de nobles, ejecutaban cantos y danzas en círculo en las cuales daban tres pasos hacia adelante y tres pasos hacia atrás, seis veces, al mismo tiempo que agitaban graciosamente sus manos. Un niño, arrodillado frente al fuego que ardía en el altar, oraba silenciosamente por el pan de cada día, y otro niño permanecía parado [de pie] en la entrada del templo haciendo guardia.

Esta ceremonia duraba tanto como las danzas infantiles, y debía celebrarse en la primera noche que apareciera en el cielo la fina hoz plateada de la luna nueva. El director del *calmecac*, de pie entre el niño que oraba y los danzantes, dando frente al altar, con el rostro impasible como el de Xochipilli, recogía las vibraciones de la oración infantil, la de los cantos, las de las danzas, y levantando sus manos oscuras hacia el cielo, que ahora antojábase una flor, pronunciaba quedamente la mística e inefable palabra que designa, define y crea, y que los niños pronunciaban en coro: DANTER ILOMBER BIR.

«De cierto os digo que si no os volviereis y fuereis como niños, no entraréis en el reino de los cielos» –Mateo 18:3–.

Pero no glotones, díscolos y groseros como algunos niños, sino como aquellos humildes y confiados en sus padres que les dan todo lo que han de menester.

Sabiduría es amor. Xochipilli mora en el mundo del amor, de la música, de la belleza. Su rostro sonrosado como la aurora y sus rubios cabellos le dan una presencia infantil, inefable, sublime.

El arte es la expresión positiva de la mente. El intelecto es la expresión negativa de la mente. Todos los Adeptos han cultivado las bellas artes.

Los viernes, de 10 p. m. a 2 a. m., se puede invocar a Xochipilli. Él hace girar, a favor de quienes se lo piden y lo merecen, la Rueda de la Retribución. Pero él cobra todo servicio, él no puede violar la Ley.

–*Magia Crística Azteca*, capítulo 17–

DIONISIO

DI-ON-IS-IO –DIONISIO–, silabeando esta mágica palabra, este mantra de maravillas, deviene extraordinariamente la transmutación voluntaria de la libido durante el coito paradisíaco.

Mágicos resultados de este mantra:

DI: Intensificada vibración de los órganos creadores.

ON: Movimiento inteligente de la energía creadora en todo el sistema nervioso sexual hasta sumergirse en la Conciencia.

IS: Esta mántrica sílaba nos recuerda los Misterios Isíacos y su correspondiente nombre: Isis.

Obviamente, la vocal I, y la letra S prolongada como un silbo dulce y apacible, invoca a la Serpiente sexual para que suba victoriosa por el canal medular espinal.

IO: Isolda, el androginismo luni-solar, Osiris-Isis, centellea desde el fondo profundo de todas las edades, terriblemente divino.

I, con su honda significación, ciertamente es el lingam –falo–, el Yod hebreo.

O es el Eterno Femenino, el yoni –útero–, el famoso He de tipo hebraico.

IO: Cuando entonamos esta última sílaba de la mágica palabra durante el trance sexual, entonces deviene la transmutación íntegra de la libido.

Así es como la Serpiente Ígnea de nuestros mágicos poderes despierta para iniciar su éxodo por el canal medular.

–*Las Tres Montañas*, capítulo 10–

DIS DAS DOS

IGLESIA DE ÉFESO O CHAKRA MULADHARA

Los mantras DIS DAS DOS de la Magia sexual despiertan el Kundalini. En este centro de Éfeso se halla la raíz del bien y del mal.

–*Misterios Mayas*, capítulo 11–

Durante esta conexión sexual se vocalizarán los mantras DIS DAS DOS.

Hay que alargar cada una de estas letras, así:

DIIIIISSSSS

DAAAAASSSSS

DOOOOOSSSSS.

Durante esta práctica se forma en el plano astral un Querubín hermafrodita que tiene el poder para abrirnos todos los chakras y convertirnos en Dioses.

Ese Querubín se parece al hombre y se parece a la mujer. Lleva túnica de color púrpura hasta los pies y es completamente hermafrodita, porque tiene los órganos sexuales del hombre y de la mujer.

Este Querubín se forma en el momento en que la pareja está unida sexualmente. Este Querubín es engendrado durante el trance de Magia sexual.

Este Querubín tiene todos los poderes del Edén. Este Querubín tiene todos los poderes que el hombre y la mujer tenían antes de la caída. Este Querubín tiene las llaves del Edén.

El hombre y la mujer, unidos durante el trance de Magia sexual, deben ordenarle juntos, al mismo tiempo, que les despierte el Kundalini y les abra todos los chakras.

El hombre y la mujer darán la orden, y el Querubín obedecerá y les abrirá todos los poderes mágicos.

Los que quieran convertirse en Dioses no deben derramar jamás en su vida ni una sola gota de semen.

Con una sola eyaculación seminal es suficiente como para fracasar en este trabajo.

La Magia sexual solo se puede practicar entre esposo y esposa en hogares legítimamente constituidos.

—Manual de Magia Práctica, capítulo 2—

DIS DAS DOS son los mantras fundamentales de la Alquimia sexual. Estos mantras se deben al venerable Maestro Om, quien se los entregó a uno de nuestros discípulos. Habrá que alargar el sonido de las vocales y el sonido de la S, dándole a esta última la entonación de un silbo dulce y apacible. Se vocalizará así:

DIIIIISSSSS

DAAAAASSSSS

DOOOOOSSSSS.

El Maestro Om advirtió a nuestro discípulo de que la práctica de la Magia sexual se realiza en forma lenta..., despacio...

Los mantras DIS DAS DOS se vocalizan durante el trance de Magia sexual. Con estos mantras el discípulo evitará el peligro de una caída sexual. El discípulo deberá retirarse de la mujer antes del espasmo para evitar la eyaculación seminal. Este mantra se vocaliza muchísimas veces durante la práctica.

–*Tratado de Alquimia Sexual*, capítulo «Conclusión»–

Otras referencias:

–*Los Misterios del Fuego*, capítulo 5–

E

Clariaudiencia es el poder de oír en los mundos internos.

La clariaudiencia es el oído mágico.

La clariaudiencia despierta con la vocal E.

Esta vocal se combina con distintas letras, para despertar el oído oculto.

La sílaba E sirve para desarrollar el oído mágico.

Esta sílaba se vocaliza así: EEEEEEENNNNNNN.

—Manual de Magia Práctica, capítulo 3—

El plexo que le corresponde es el laríngeo, la tiroides, el chakra del oído mágico, de la clariaudiencia.

Para despertar ese chakra hay un mantra laríngeo que es la E; debe dar una nota musical, que es Re. Hay que vocalizar

diariamente, se debe inhalar con la nota Re y exhalar con ella vocalizando: EEEEEEE.

Así se consigue el desarrollo del chakra laríngeo, que nos da el poder de oír las voces del «ultra», de los seres superiores.

Hay necesidad de desarrollar ese chakra laríngeo porque de otro modo es imposible oír esos sonidos.

–Tarot y Kábala, capítulo 62–

Deberá vocalizar el discípulo diariamente por una hora la vocal E, así: EEEEEEE.

El sonido vibratorio de esta vocal le despertará el poder del oído oculto.

La vocal E hace vibrar la glándula tiroides, que es el centro del oído mágico.

La vocal E hace vibrar el cuerpo mental, y nos da el sintetismo conceptual y el poder para penetrar en el íntimo sentido de las palabras.

–Curso Zodiacal, capítulo 2–

E.U.O.E.

Y diariamente llamad a los Maestros con los siguientes mantras del ritual:

E.U.O.E. - E.U.O.E. - I.A.O.

SABAOTH

KYRIE ABRAXAS

KYRIE MITHRA

KYRIE PHALLE

KYRIE ELEISON

E.U.O.E.

KYRIE PHALLE

E.U.O.E. - PAN

E.U.O.E. - PAN

E.U.O.E. - PAN

E.U.O.E. - PAN

E.U.O.E.

E.U.O.E. - ISKHYROS

E.U.O.E. - ATHANATOS

E.U.O.E. - ABROTOS

E.U.O.E. - KHAÎRE

I.A.O.

KHAÎRE PHALLE

Estos mantras vocalizadlos después de practicar Magia sexual para invocar a los Maestros, pidiendo que os ayuden a despertar el Kundalini, y los Maestros vendrán y os ayudarán.

−Apuntes Secretos de un Gurú, capítulo 6−

Todos estos mantras poseen grandes poderes curativos. Se deberá invocar a los Maestros de la Fraternidad Blanca para la curación de los enfermos. El Venerable Maestro de la Fraternidad Blanca Huiracocha estampó en algunos rituales gnósticos ciertos mantras para evocar a los Maestros. Veamos algunos:

E.U.O.E. - I.A.O.

ISKHYROS

ATHANATOS

ABROTOS

E.U.O.E. - I.A.O.

SABAOTH

Y otros como estos:

KYRIE MITHRA

KYRIE PHALLE

HAGIOS. HAGIOS. HAGIOS.

−Tratado de Medicina Oculta y Magia Práctica,
capítulo «Palabras curativas −mantras−»−

EBNICO ABNICAR ON

Con los poderes elementales de este árbol podemos sembrar armonía en los hogares.

Con los poderes elementales de este árbol podemos hacer justicia a muchos infelices.

Una mujer abandonada por un mal hombre, una doncella caída, una infeliz martirizada por un malvado, etc., son casos que podemos remediar con los poderes elementales de este árbol prodigio, cuando la Ley del Karma lo permite.

Con el elemental del manzano podemos salvarnos de muchos peligros y arreglar muchos hogares.

Se pondrá un tapete en el suelo junto al árbol para oficiar con el elemental del manzano.

EBNICO ABNICAR ON, estos son los mantras del elemental del manzano, tal como me los enseñó el Señor Jehová.

Mandarás al elemental con el imperio de tu voluntad y con el filo de la espada hacia la persona o personas sobre las cuales necesitéis ejercer influencia.

−Rosa Ígnea, capítulo 6−

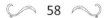

EGIPTO

Nuestros discípulos deben adquirir el poder de salir en cuerpo astral. Ese poder se adquiere vocalizando diariamente por una hora el mantra sagrado EGIPTO.

La vocal E hace vibrar la glándula tiroides y le confiere al hombre el poder del oído oculto. La G despierta el chakra del hígado y, cuando este chakra ha llegado a su pleno desarrollo, entonces el hombre puede entrar y salir del cuerpo cada vez que quiere. La vocal I combinada con la letra P le desarrolla al hombre la clarividencia y el poder para salir el hombre en cuerpo astral por la ventana de Brahma, que es la glándula pineal. La letra T golpea sobre la vocal O, íntimamente relacionada con el chakra del corazón, y así puede el hombre adquirir el poder para desprenderse de este plexo y salir en cuerpo astral.

La pronunciación correcta del mantra es así:

EEEEEGGGIIIIIPTOOOOO.

Aquellos que todavía no hayan podido salir en cuerpo astral con nuestras claves es porque no tienen ese poder, y entonces deben adquirirlo primero vocalizando durante una hora diaria el mantra EGIPTO. Ese mantra desarrolla totalmente los chakras relacionados con el desdoblamiento del cuerpo astral, y así adquiere el discípulo el poder para el desdoblamiento astral; el discípulo podrá entrar y salir del cuerpo físico a voluntad.

El mantra egipcio que se usa para salir en cuerpo astral es el siguiente: FARAON. Ese mantra se vocaliza durante aquellos instantes de transición entre la vigilia y el sueño, teniendo la mente puesta en las pirámides de Egipto.

La pronunciación correcta de ese mantra es así:

FAAAAARRRRRAAAAAOOOOONNNNN.

Este mantra es para salir en cuerpo astral y, como ya dijimos, se pronuncia durante los estados de transición entre la vigilia y el sueño, concentrando la mente en las pirámides de Egipto; pero los discípulos que no tienen el poder de salir en cuerpo astral deben adquirirlo primero vocalizando durante una hora diaria, como ya dijimos, el mantra EGIPTO.

–Tarot y Kábala, capítulo 56–

ELAI B'NE AL'MANAH

Recordemos el signo de socorro del Grado Tercero, o sea, de Maestro. Se ponen las manos entrelazadas sobre la cabeza, a la altura de la frente, con las palmas hacia afuera, pronunciando al mismo tiempo: «¡A mí los hijos de la viuda!»; en hebreo: «**ELAI B'NE AL'MANAH**».

A este grito deben acudir a socorrer al hermano en desgracia todos los masones, y prestarle su protección en todos los casos y circunstancias de la vida.

–Tratado Esotérico de Magia Rúnica, capítulo 40–

ELOHIM METRATÓN ADONAI

Haga usted su vara mágica con madera de cedro. Récele a la vara las siguientes palabras mágicas: ELOHIM METRATÓN ADONAI, y entonces su vara quedará consagrada.

Con la vara mágica se opera mágicamente, y sirve para mandar a las fuerzas invisibles de la naturaleza, a condición de una conducta recta.

Las fuerzas de la naturaleza no obedecerán a los iracundos, lujuriosos, codiciosos, envidiosos, orgullosos, perezosos, glotones, celosos, rencorosos, malvados, calumniadores, etc., etc., etc.

–Tratado de Medicina Oculta y Magia Práctica,
capítulo «Magia Ceremonial»–

EPHPHATHA

El Cristo enseñó un gran mantra para curar a los enfermos: EPHPHATHA, para abrir los oídos de los sordos y tartamudos –Marcos 7: 32-37–.

–Apuntes Secretos de un Gurú, capítulo 16–

Otras referencias:

–Tratado de Medicina Oculta y Magia Práctica,
capítulo «Secretos de la Magia Práctica»–

EPHRAIM

El mantra EPHRAIM tiene el poder de desarrollar todos los chakras y poderes de nuestro Chrestos cósmico.

Este mantra se pronuncia así:

EEEEEFFFRRRAAAAAIIIIIMMMMM.

Todos los poderes ocultos del cuerpo astral entran en actividad con este poderoso mantra egipcio.

La vocal H se pronuncia como un suspiro hondo, y la letra P le da fuerza a esta vocal, como cuando uno está soplando el aire.

Un sacerdote católico le preguntó a un mago azteca: «¿Cómo llamas tú a Dios?», y el mago azteca le respondió haciendo un suspiro hondo; ese suspiro fue la vocal H, y la palabra aliento debería llevar la vocal H.

La H es vocal, aunque los gramáticos no lo digan; la H es el aliento de la vida, el hálito ígneo, y combinada con la letra P, así: PH, da la sensación de estar como golpeando con los labios el hálito de la vida.

Así pues, en este mantra se encierran poderes terribles.

La vocal E desarrolla el chakra de la tiroides y los poderes de la mente. La PH lleva el hálito ígneo a todos los chakras del cuerpo astral para despertarlos. El mantra RA hace vibrar todos los chakras del cuerpo astral del hombre.

La vocal I despierta los chakras de la cabeza, y al combinarse con la vocal M, así: IM, adquiere un poder terrible que se difunde a través de todos los chakras astrales, animándolos y encendiéndolos.

La vocal M se pronuncia como un sonido que se siente en la boca, pero como los labios están cerrados tiene que salir por la nariz. Esa vocal M encierra poderes terribles.

—Las Siete Palabras—

EST SIT ESTO FIAT

Existen transformaciones de orden inferior. Circe transformaba a los hombres en cerdos. La leyenda dice que Apuleyo se convirtió en asno. Si uno mete su cuerpo físico en la cuarta dimensión utilizando los estados Jinas, puede asumir cualquier figura, transformarse en un ave, pez o lo que quiera. En la cuarta dimensión el cuerpo físico es elástico y puede transformarse en un animal.

Los mantras latinos para la transformación son estos: EST SIT ESTO FIAT. Solo en estado de Jinas podemos transformarnos.

—Tarot y Kábala, capítulo 36—

Otras referencias:

—Curso Esotérico de Kábala, capítulo 14—

FA-FE-FI-FO-FU

Existe el yudo del espíritu: nos estamos refiriendo a los ejercicios rúnicos; estos son formidables para lograr el despertar de la Conciencia. Quien quiera trabajar con este yudo debe comenzar con la Runa de Mercurio, cuyo color violeta origina fuerzas cósmicas extraordinarias.

Es, pues, de saber que esta sobredicha Runa nórdica encierra en sí misma toda la potencia y el impulso de la fecundidad. Necesitamos el aliento del Fohat para fecundar nuestra propia psiquis, chispas pentecostales para hacernos autoconscientes.

Si analizamos las prácticas de la Runa Fa podremos evidenciar que en ellas existe Pranayama, oración, meditación y cierta postura sagrada.

PRÁCTICA:

Debemos saludar cada nuevo día con inmensa alegría y, al levantarnos de la cama, elevar los brazos hacia el Cristo-Sol, Señor

Nuestro, en tal forma que el brazo izquierdo quede un poco más elevado que el derecho y que las palmas de las manos permanezcan ante la luz, en esa actitud inefable y sublime de quien realmente anhela recibir los rayos solares.

Esta es la sacra posición de la Runa Fa. Una vez así, trabajaremos con el Pranayama, inspirando por la nariz y exhalando el aire por la boca en forma rítmica y con mucha fe.

Imaginemos en estos instantes que la luz del Cristo-Sol entra en nosotros por los dedos de las manos, circula por los brazos, inunda todo nuestro organismo, llega hasta la Conciencia, la estimula, la despierta, la llama a la actividad...

En las noches misteriosas y divinas, practicad con este yudo rúnico ante el cielo estrellado de Urania y con igual posición, y orando así:

«Fuerza maravillosa del amor, avivad mis Fuegos Sagrados para que mi Conciencia despierte: FAAAAA, FEEEEE, FIIIII, FOOOOO, FUUUUU».

Esta pequeña y gran oración se puede y debe orar con todo el corazón tantas veces cuanto se quiera.

–Tratado Esotérico de Magia Rúnica, capítulo 3–

FARAON

Las rodillas poseen una maravillosa substancia que les permite el libre movimiento de tan sencillo y maravilloso engranaje óseo. Esa substancia es la sinovia, que quiere decir *sin*, 'con'; y *ovia*, 'huevo'; substancia con huevo. El huevo es realmente una substancia maravillosa.

Experimentos esotéricos altamente científicos en relación con el desdoblamiento de la personalidad humana prueban que la cáscara del huevo tiene ciertos poderes ocultos que facilitan el desdoblamiento astral.

La clave consiste en reducir a polvo la cáscara del huevo. Esos polvos se los aplicará el discípulo sobre el pecho y los sobacos; se acostará luego en su lecho y se cubrirá bien con las frazadas. Adormézcase luego el estudiante pronunciando el mantra FARAON, así:

FAAAAARRRRRAAAAAOOOOONNNNN.

Esto se puede pronunciar mentalmente y, cuando ya el discípulo se sienta adormecido, levántese de su lecho y diríjase hacia la Iglesia Gnóstica.

La primera sílaba, FA, corresponde al gong chino, o sea, al Fa musical que resuena en toda la Creación. Hay que pronunciar esta nota para sintonizarse con la Madre Natura.

La segunda sílaba, RA, corresponde a un mantra muy antiguo que hace vibrar todos los chakras del cuerpo astral; este mantra no se pronuncia con R sino con RR, así: RRRRRAAAAA.

Y la última sílaba, ON, corresponde al mantra hindú OM, pero aquí se pronuncia así: OOOOONNNNN.

Este mantra, FARAON, se puede vocalizar con la mente, o mejor, con el corazón. Así pues, el poderoso mantra egipcio FARAON sirve para salir en cuerpo astral.

—*Curso Zodiacal*, capítulo 10—

Aprended, pues, a salir en cuerpo astral.

Voy a daros las indicaciones: acostaos en vuestro lecho, hermanos; repito, acostaos. Es bueno que os acostéis boca arriba, ¿entendéis? Relajad vuestros músculos, ¿ya estáis relajados? Cerrad vuestros ojos, adormeceos. Vocalizad ahora el mantra FARAON. Ese mantra es maravilloso para salir en cuerpo astral, vocalizadlo. Vamos a ver, vocalizad así:

FAAAAARRRRRAAAAAOOOOONNNNN.

¿Ya vocalizasteis? Bien, hermanos. Ahora voy a daros otro consejo: levantad las rodillas, ¡oíd bien, hermanos, las rodillas!, quiero decir que dobléis las piernas, apoyad las plantas de los pies sobre la cama. Claro, al hacer esta operación, las rodillas quedan levantadas verticalmente ¿verdad? Repetid el mantra nuevamente, así:

FAAAAARRRRRAAAAAOOOOONNNNN.

Repetid este mantra muchísimas veces. Podéis vocalizarlo un poquito más suave –también podéis vocalizarlo mentalmente–, y adormeceos conservando así las rodillas, levantadas verticalmente. Adormeceos, y conforme os vayáis adormeciendo, hermanos, deberéis imaginar vivamente las pirámides de Egipto. ¿Entendido? Esto no es trabajoso, hermanos; convenceos de que no es trabajoso. Evitad toda tensión mental y adormeceos. El resultado será espléndido: envueltos en vuestro astral despertareis allá, en los mundos internos; abandonareis el cuerpo físico sin saber ni a qué hora ni cómo; despertareis, sí, conscientemente, en vuestro astral, allá lejos, en la distancia, en el suelo de Egipto o en cualquier país del mundo.

–El Quinto Evangelio, conferencia
«Naturaleza Práctica del Mensaje de Acuario»–

En el Museo de Antropología e Historia de la ciudad de México existe la figura de un hombre en piedra semiacostado en decúbito dorsal. Las plantas de sus pies se posan en su lecho, las rodillas en alto, las piernas medio flexionadas contra los muslos, el torso arqueado en actitud de primer impulso para levantarse, con la cara hacia la izquierda y la mirada en el horizonte; en sus manos, un recipiente a la altura del plexo solar.

Este hombre en piedra es conocido por los arqueólogos con el nombre de Chac-Mool, y es uno de los pocos símbolos del panteón azteca que se salvaron de la destrucción de la conquista.

Fue tallado por los místicos aztecas, mayas, tarascos, etc., para perpetuar la sabiduría que ellos recibieron como herencia secreta de sus antepasados.

El nombre de esta escultura azteca es FARAON, nombre cuyas sílabas se descomponen así: FA-RA-ON, y que debidamente vocalizadas son un mantra que hace que el cuerpo astral de quien las pronuncie se separe del físico y el hombre flote en el espacio hacia la Gran Pirámide de Gizeh en Egipto.

No es peligroso salir en cuerpo astral. Durante el sueño todos los seres humanos andamos en los mundos internos con la Conciencia dormida. Toda alma abandona su cuerpo físico durante el sueño; entonces el cuerpo etérico tiene la oportunidad de reparar el cuerpo físico. Cuando el alma regresa al cuerpo físico despertamos del sueño normal.

PRÁCTICA

Párese en posición de firmes con la vista hacia el Este, levante los brazos sobre su cabeza hasta juntar las palmas de las manos, baje los brazos extendidos y forme una cruz con ellos y su cuerpo; después, crúcelos sobre su pecho y acuéstese en decúbito dorsal. Cuando se vaya quedando dormido pida en oración sincera a Dios y a los Maestros que lo lleven a la Gran Pirámide de Gizeh en Egipto. Inmediatamente que termine su oración vocalice las siguientes sílabas:

FAAAAARRRRRAAAAAOOOOONNNNN.

El sonido de estas sílabas, con ligeras variantes en cada una de ellas, corresponde al FA natural de la escala musical que resuena en toda la Naturaleza. La sílaba RA se vocaliza en los rituales egipcios. La sílaba ON, cambiándole la N por M, la vocalizaban los yoguis antes y después de sus meditaciones.

Todas las mañanas, a la salida del sol, con la cara al Este, haga prácticas de vocalización con todas las sílabas que se han dado en este libro, comenzando con la primera sílaba, hasta terminar, en mañanas sucesivas, con las tres últimas de este capítulo.

Si usted practica fielmente por orden cada uno de los ejercicios que le hemos dado, por lo menos durante seis días consecutivos, pronto saldrá en cuerpo astral.

Entendemos que es usted persona normal, que no abusa de licores ni del tabaco, que no propaga chismes, que no gusta de hacer chascarrillos a costa de sus semejantes, que ama y respeta a todo ser viviente.

Recuerde que «Dios, por darle todo al bueno, le ofrece hasta la cabeza del malvado».

–Magia Crística Azteca, capítulo 5

Idá es masculino y Pingalá es femenino. Aquí están los sostenidos y bemoles del gran Fa que resuena en la Naturaleza. FA corresponde a los Átomos Solares, RA a los Átomos Lunares, ON al Fuego Flamígero que asciende por el canal central. Es necesario aprender a pulsar estos sostenidos y bemoles con el poderoso mantra FARAON para salir en cuerpo astral consciente y positivamente.

Con el mantra de estos sostenidos y bemoles podemos salir en astral.

En Egipto, cuando el Iniciado recibía las Alas Ígneas, era condecorado en el templo con un par de alas que se fijaban en la túnica a la altura del corazón.

Cuando Jesús de Nazareth abrió sus Alas Ígneas fue condecorado personalmente por el FARAON de Egipto.

La posición en que se acostaba Jesús para salir en astral era como la del Chac Mool –véase figura del Chac Mool en la página 221–. Empero la cabeza bien baja, sin almohadas. Las plantas de los pies sobre la cama, las piernas dobladas y las rodillas levantadas. Así, el gran Hierofante se adormecía tocando su lira maravillosa de la espina dorsal. Todo el mantra FARAON se divide en tres sílabas, así: FA-RA-ON.

El FA es el de la escala musical. El RA es como un sonido grave; se debe vocalizar con doble R. ON viene a recordarnos el mantra OM de la India, solo que en este caso, en vez de llevar la consonante M, lleva la consonante N: ON. En general, podemos darle al mantra FARAON toda la entonación con el gran Fa que resuena en todo lo creado.

Aconsejamos vocalizar mentalmente. El discípulo debe adormecerse cantando este mantra, y con la imaginación y la voluntad concentradas en las pirámides de Egipto. Se necesita ejercicio y mucha paciencia.

—El Matrimonio Perfecto, capítulo 23—

Adormézcase el discípulo al mismo tiempo que vocaliza el mantra FARAON distribuido en tres sílabas, de esta manera:

FAAAAARRRRRAAAAAOOOOONNNNN.

La vocalización de la letra R ya fue explicada.

El discípulo deberá acostarse horizontalmente boca arriba. Colocará las palmas de las manos extendidas sin rigidez sobre la superficie del colchón; las rodillas flexionadas hacia arriba, con las plantillas de los pies descansando sobre la cama.

Todo el cuerpo debe estar relajado, miembro por miembro.

Todo dispuesto así, adormézcase el discípulo y, haciendo inspiraciones profundas, vocalice el mantra FARAON.

Inevitablemente, dormido el discípulo, saldrá del cuerpo físico sin saber en qué momento ni cómo.

Ya en los mundos internos, en la cuarta dimensión, adonde irresistiblemente se proyectará su astral, despertará Conciencia total, es decir, se dará cuenta de sus inauditas experiencias en esos mundos y así podrá dedicarse al ejercicio de la Teúrgia.

Pero antes de acostarse, haga el signo de la Estrella Microcósmica. Al efecto, se levantan los brazos hacia arriba hasta que las palmas de las manos se toquen entre sí sobre la cabeza, y después se extienden lateralmente de modo que queden en posición horizontal, formando con el resto del cuerpo una cruz; por último se cruzan los antebrazos sobre el pecho tocando esta región con las palmas, en tanto las puntas de los dedos lleguen al frente de los hombros.

Nuestro adorable Salvador del Mundo, el Cristo Jesús, utilizaba esta clave misteriosa –hoy revelada por nosotros– cuando estudiaba en la pirámide de Kefrén.

Ahora bien, el Maestro Huiracocha aconsejaba, con esta práctica, quemar algún sahumerio, algún incienso o, sencillamente, impregnar la habitación con un buen perfume.

–Logos, Mantra, Teúrgia, capítulo 7–

La clave para salir en astral es muy sencilla: basta adormecerse pronunciando mentalmente el poderoso mantra FARAON. Este mantra se divide en tres sílabas: FA-RA-ON.

Cuando el devoto se halla ya en ese estado de transición que existe entre la vigilia y el sueño se adentrará dentro de sí mismo por medio de la autorreflexión consciente y, luego, suavemente, saltará de su cama completamente identificado con su espíritu suave y fluídico.

En cuerpo astral todo devoto puede concurrir al «Pretor». Las personas que no han engendrado todavía el Astral Cristo sufren mucho porque no logran aprender a salir en astral, sino con millares de penalidades y después de muchísimo trabajar. Aquellos que en pasadas reencarnaciones engendraron el Astral Cristo salen del cuerpo físico con suma facilidad.

–El Matrimonio Perfecto, capítulo 12–

Otras referencias:

–Las Siete Palabras–

–Misterios Mayores, capítulo 43–

–Tratado Esotérico de Teúrgia, capítulo 1–

FE UIN DAGJ

Las Siete Iglesias son el candelabro de siete brazos de oro macizo del *sanctum sanctorum* del Templo de Jerusalén, donde el Sumo Sacerdote no podía penetrar sino una vez al año, porque en él brillaba la gloria de Jehová.

Estos son los siete chakras, discos o ruedas magnéticas que vibran con el poderoso mantra egipcio FE UIN DAGJ –esta última palabra, gutural–.

–El Matrimonio Perfecto de Kínder, capítulo 4–

Dichosas las parejas que se saben amar. Con el acto sexual abrimos las Siete Iglesias del Apocalipsis y nos convertimos en Dioses. Los siete chakras resuenan con el poderoso mantra egipcio FE UIN DAGJ.

El ejercicio perfecto de las Siete Iglesias, el sacerdocio completo, se realiza con el cuerpo en estado de Jinas. Los grandes Magos saben poner el cuerpo en estado de Jinas. Entonces ejercen todo el sacerdocio de las Siete Iglesias.

–El Matrimonio Perfecto, capítulo 7–

El chakra hepático sirve para las salidas en astral. El cuerpo astral está conectado con el hígado. Despertando el chakra del hígado todo el mundo puede entrar y salir del cuerpo físico a voluntad.

El chakra esplénico, el hepático y el del plexo solar se desarrollan con el mantra egipcio FE UIN DAGJ.

Se canta con la nota Mi, desarrollándose los tres chakras y los pulmones.

El número 3 es el poder, tiene 50 puertas y 50 luces.

–Tarot y Kábala, capítulo 62–

Los discípulos también pueden aprender a viajar con su cuerpo de carne y hueso en estado de Jinas.

El discípulo se adormecerá un poquito nada más y luego se levantará de su cama como un sonámbulo, conservando el sueño como un tesoro preciosísimo.

Antes de salir de su cama, el discípulo dará un pequeño saltito con la intención de flotar, y si flota en el ambiente circundante es porque su cuerpo físico ya penetró dentro del plano astral.

Ahora el discípulo podrá cargar con su cuerpo físico a los sitios más remotos de la Tierra en pocos instantes.

Cuando Cristo caminaba sobre las aguas, iba con su cuerpo físico en estado de Jinas.

Para cargar con el cuerpo físico, con un poquito de sueño y mucha fe es suficiente.

La letra que corresponde al chakra del hígado es la G.

El mantra FE UIN DAGJ —esta última palabra, gutural–, sirve para despertar todos los chakras del cuerpo astral.

—Manual de Magia Práctica, capítulo 3—

Otras referencias:

—Misterios Mayas, capítulo 11—

—Los Misterios del Fuego, capítulo 10—

FONS ALPHA ET OMEGA

¿Estáis metidos en peligros? Recitad llenos de fe las siguientes palabras mágicas:

Fons Alpha et Omega, figa, figalis, Sabbaoth, Emmanuel, Adonai, o Neray, Ela, Ihe, Reutone, Neger, Sahe, Pangeton, Commen, Agla, Mattheus, Marcus, Lucas, Johannes, titulus triumphalis,

Iesus Nazarenus Rex Iudaeorum, ecce dominicae crucis signum, fugite partes adversae, vicit leo de tribu Iudae, radix David, hallelujah, Kyrie Eleison, Christe Eleison, Pater noster, Ave Maria, et ne nos, et veniat super nos salutare tuum. Oremus.

Todas estas palabras mágicas debéis saberlas de memoria y orarlas con fe en los momentos de grave peligro, así, os salvaréis de cuchillo, bala, enemigos secretos, celadas, etc., etc., etc.

—Tratado de Medicina Oculta y Magia Práctica, capítulo «Conjuros y oraciones de protección»—

FUEGO S

Venerable Arcángel Michael, te hemos llamado, te hemos invocado, con nuestra alma y con nuestro corazón, en el nombre del Padre, en el nombre del Hijo, en el nombre del Espíritu Santo, para que con los poderes que te son conferidos y con el fuego de tu espada nos deis una ayuda poderosa de limpieza a todos los hermanos aquí presentes en esta cadena y al centro de ella.

FUEGO SSSSSSS, FUEGO SSSSSSS, FUEGO SSSSSSS.

—Cadena de limpieza con el Arcángel Michael—

GATE GATE PARAGATE PARASAMGATE
BODHI SWAHA

Aquí les he enseñado una forma sencilla de meditar, porque hay un tipo de meditación que está dedicado a la autoexploración del Ego con el propósito de desintegrarlo, de volverlo cenizas. Pero hay también otro tipo de meditación que tiene por objeto llegar algún día a la experiencia de lo Real.

¡Ojalá lo lograran ustedes para que se sintieran animados interiormente y trabajaran sobre sí mismos! Sin embargo, conceptúo que es necesario tener algún mantra que les sirva.

El mantra que les voy a dar esta noche es muy sencillo. Ya les di una palabra de ese mantra en una pasada plática y ustedes lo recordarán: GATE.

Pero esta noche les voy a dar completas las palabras de todo el mantra: GATE GATE PARAGATE PARASAMGATE BODHI SWAHA. En las grabadoras tiene que haber quedado grabado y también en los corazones. Repito: GATE GATE PARAGATE PARASAMGATE BODHI SWAHA.

Ese mantra se pronuncia suavemente, con la mente y el corazón. Puede también usarse como verbo silenciado, porque hay dos tipos de verbo: verbo articulado y verbo silenciado. El verbo silenciado es poderoso...

Se relaja el cuerpo totalmente y, después de relajado, se entrega totalmente a su Dios interior profundo sin pensar en nada, únicamente recitando con la mente y el corazón el mantra completo: GATE GATE PARAGATE PARASAMGATE BODHI SWAHA.

La meditación debe ser muy honda, muy profunda. Los ojos deben estar cerrados, el cuerpo relajado, entregado completamente a su Dios interior. Ni un solo pensamiento se debe admitir en esos instantes. La entrega a su Dios debe ser total y solamente el mantra debe resonar en su corazón...

Este mantra entiendo que abre el Ojo de Dangma. Este mantra profundo un día los llevará a ustedes a experimentar, en ausencia del Ego, el Vacío Iluminador. Entonces sabrán lo que es el Sunyata; entonces entenderán ustedes lo que es el Prajña-Paramita.

¡Perseverancia es lo que se necesita! Con este mantra podrán ustedes llegar muy lejos.

Conviene experimentar la Gran Realidad alguna vez en la vida. Porque así se llena uno de ánimo para la lucha contra sí mismo. Esa es la ventaja del Sunyata, esa es la ventaja más grande que existe en relación con la experiencia de lo real.

Y para que esta noche se aproveche la meditación y el mantra como es debido, vamos a entrar un rato en meditación con el mantra.

Ruego a todos los hermanos, pues, entrar en la meditación.

Relajen todos sus cuerpos −apaguen las luces, primero que todo−. Relajación total del cuerpo físico... Relajación completa y entrega completa a su Dios interior profundo... No piensen en nada de nada, de nada, de nada... Recitarán el mantra; lo repetiré muchas veces para que no se les olvide. Después de esta medita-ción, podrán escribirlo, apuntarlo, para eso están las grabadoras.

Voy a repetirlo: GAAAAATEEEEE, GAAAAATEEEEE, PAAAAA-RAAAAAGAAAAATEEEEE, PAAAAARAAAAASAMMMMM-GAAAA-ATEEEEE, BOOOOODIIIII, SUAAAAAJAAAAA.

[El Maestro lo repite varias veces].

Sigan repitiendo con sus corazones, con sus mentes. No pien-sen en nada de nada, de nada... Entréguense completamente a su Dios... Siéntanse cada uno de ustedes como un cadáver, como un difunto...

Repito: GAAAAATEEEEE, GAAAAATEEEEE, PAAAAA-RAAAAA-GAAAAATEEEEE, PAAAAARAAAAASAMMMMMGAAAA-ATEEEEE, BOOOOODIIIII, SUAAAAAJAAAAA...

—*El Quinto Evangelio*, conferencia
«Metamorfosis psicoemocional del hombre»—

Otras referencias:

—*El Quinto Evangelio*, conferencia
«Peldaños hacia la omnisciencia»—

H

AIRE: Sentado en un cómodo sillón o acostado boca arriba, con el cuerpo relajado, meditaréis profundamente en la siguiente plegaria:

PLEGARIA

Spiritus Dei ferebatur super aquas, et inspiravit in faciem hominis spiraculum vitae.

Sit Michael dux meus et Sabtabiel servus meus, in luce et per lucem.

Fiat verbum halitus meus, et imperabo spiritibus äeris huius, et refrenabo equos solis voluntate cordis mei et cogitatione mentis meae et nutu oculi dextri. Exorcizo igitur te, creatura äeris, per Pentagrámmaton et in nomine Tetragrámmaton, in quibus sunt voluntas firma et fides recta.

Amen Sela. Fiat.

Soplad en dirección de los cuatro puntos cardinales de la Tierra. Pronunciad la letra H muchas veces como un suspiro muy hondo. Adormeceos meditando en los Genios Michael y Sabtabiel. Entonces os pondréis en contacto con los silfos.

—*Curso Esotérico de Kábala*, capítulo 4—

HA

La región del Éter se extiende desde el entrecejo a lo alto de la cabeza, y su mantra es HA.

—*El Matrimonio Perfecto*, capítulo 19—

HAGIOS

El mantra HAGIOS, sobre todo, tiene el poder de abrir toda la atmósfera para que venga el Maestro.

—*Tratado de Medicina Oculta y Magia Práctica*, capítulo Palabras curativas —mantras—

HAM SAH

Muchas veces les he explicado a ustedes cómo se trabaja con el mantra HAM SAH, que se pronuncia así: JAAAAAMMMMM, SAAJJ.

Este mantra es el símbolo maravilloso que en el Oriente hace fecunda las aguas caóticas de la vida, el Tercer Logos.

Lo importante, pues, queridos discípulos, es saber cómo vamos a vocalizar esos mantras, cuáles son sus poderes. Normalmente, las fuerzas sexuales fluyen desde dentro hacia fuera en forma centrífuga, y debido a eso existen las poluciones nocturnas cuando se tiene un sueño basado en el centro sexual.

Si el hombre organizara sus sistemas vitales y en lugar de propiciar el sistema centrífugo utilizara el sistema centrípeto, es decir, que el hombre hiciera fluir las fuerzas sexuales desde fuera hacia dentro mediante la transmutación, aunque hubiese el sueño erótico, no habría poluciones; pero como no tiene el hombre organizada la cuestión sexual así en forma centrípeta, pues de hecho viene la polución, la pérdida del esperma sagrado o licor espermático.

Si uno quiere evitar poluciones debe saber organizar sus fuerzas sexuales. Estas fuerzas se hallan íntimamente relacionadas con el alimento, con el prana, con la vida; eso es obvio. Existe, pues, una intensa y profunda relación entre las fuerzas sexuales y la respiración, que debidamente combinadas y armonizadas originan cambios fundamentales en la anatomía física y psicológica del hombre.

Lo importante es hacer refluir esas fuerzas sexuales hacia dentro y hacia arriba en forma centrípeta; solo así es posible hacer un cambio específico en el oficio y funciones que puede cumplir la fuerza creadora sexual. Hay necesidad de imaginar la energía creadora en acción durante la meditación, hacer que suba en forma rítmica y natural hasta el cerebro mediante la vocalización del mantra que ya hemos explicado en este capítulo, en esta práctica de meditación, no olvidando las inhalaciones y exhalaciones del aire en forma sincronizada y en perfecta concentración, armonía y ritmo.

Es necesario aclarar que debe ser más profunda la inhalación que la exhalación, sencillamente porque necesitamos hacer fluir la energía creadora desde fuera hacia dentro, es decir, hacer más corta la exhalación que la inhalación.

Con esta práctica llega el momento en que la totalidad de la energía fluye desde fuera hacia dentro y hacia arriba, en esta forma centrípeta. La energía creadora organizada, como ya dijimos, en forma centrípeta, cada vez más profunda desde fuera hacia dentro, es claro que se convierte en un instrumento extraordinario para la Esencia, para despertar Conciencia.

Les estoy enseñando legítimo Tantrismo Blanco. Esta es la práctica que usan las Escuelas Tántricas de los Himalayas y del Indostán; es la práctica mediante la cual se puede llegar al Éxtasis, al Samadhi o como le quieran denominar.

Los ojos deben estar cerrados durante la práctica. No se debe pensar absolutamente en nada durante esta meditación; pero si desafortunadamente llega un deseo a la mente, lo mejor que podemos hacer es estudiarlo sin identificarnos con dicho deseo; después de haberlo comprendido íntimamente, profundamente, en todas sus partes, entonces dejarlo listo para someterlo a muerte, a la desintegración por medio de la lanza de Eros.

Pero si nos asalta el recuerdo de algún acontecimiento de la ira, ¿qué debemos hacer? Suspéndase por un momento la meditación y trátese de comprender el acontecimiento que nos ha llegado al entendimiento, hagámosle la disección, estudiémoslo y desintegrémoslo con el bisturí de la autocrítica, y luego olvidémoslo, y continuaremos con la meditación y la respiración.

Si de pronto viene a nuestra mente algún recuerdo de cualquier acontecimiento de nuestra vida desde hace diez o veinte años atrás, hagamos el mismo uso de la autocrítica y utilicemos el mismo bisturí para desintegrar tal recuerdo, para ver qué es lo que tiene de verdad. Una vez que estemos seguros de que no viene nada más a la mente, entonces continuemos con la respiración y la meditación sin pensar en nada, haciendo resonar dulcemente el mantra –JAAAAAMMMMM, SAAJJ–, tal como suena, prolongando la inhalación y corta la exhalación.

Repetimos el mantra: JAAAAAMMMMM, SAAJJ.

Con profunda quietud y silencio auténtico de la mente; solo así la Esencia podrá escaparse, aunque sea por un momento, para sumergirse en lo real.

–El Quinto Evangelio,
conferencia «Enseñanzas fundamentales sobre la meditación»–

[...]

Durante la práctica no se debe pensar absolutamente en nada, los ojos deben estar cerrados profundamente, solo vibrará en nuestra mente el HAM SAH y nada más.

A medida que se practique, la inhalación se va haciendo más honda y la exhalación muy corta y rápida.

Los grandes Maestros de la meditación llegan a volver la respiración pura inhalación, y entonces aquella queda en suspenso. ¡Imposible esto para los científicos, pero real para los místicos! Y en tal estado, el Maestro participa del Nirvikalpa-Samadhi, o del Maha-Samadhi; viene la irrupción del Vacío Iluminador, se precipita en ese gran Vacío donde nadie vive y donde solamente se escucha la palabra del Padre que está en secreto.

Con esta práctica se consigue la irrupción del Vacío Iluminador, a condición de no pensar absolutamente en nada: no admitir en la mente ningún pensamiento, ningún deseo, ningún recuerdo. La mente debe quedar completamente quieta, por dentro, por fuera y en el centro. Cualquier pensamiento, por insignificante que sea, es óbice para el Samadhi, para el Éxtasis.

Asimismo esta ciencia de la meditación, combinada con la respiración, produce efectos extraordinarios. Normalmente las gentes padecen de eso que se llama poluciones nocturnas. Hombres y mujeres sufren de tal padecimiento; tienen sueños eróticos. Sí, los Yoes copulan unos con otros, la vibración pasa por el cordón plateado hasta el cuerpo físico y deviene el orgasmo, con pérdida de energía creadora.

Mas esto sucede porque la energía sexual fluye en forma centrífuga, desde dentro hacia fuera. Cuando la energía sexual fluya desde fuera hacia dentro, de manera centrípeta, las poluciones sexuales terminarán. Ese es un beneficio, pues, para la salud...

—*El Quinto Evangelio*, conferencia «La conquista del Vacío Iluminador»—

Todo el que practica Magia sexual debe retirarse del acto mucho antes del espasmo. Los médicos conocen muy bien los motivos por los cuales quien practica Magia sexual debe retirarse antes del espasmo. Solo se debe practicar una vez diaria; jamás se debe practicar dos veces al día. Nunca en la vida se debe derramar el semen. Jamás, jamás, jamás.

Esta orden de la Logia Blanca hay que saberla entender porque, si por desgracia viene el espasmo contra nuestra voluntad, el discípulo se retirará del acto e instantáneamente se acostará en decúbito dorsal –boca arriba–, refrenará entonces violentamente con los siguientes movimientos:

INDICACIÓN

1. Hacer el esfuerzo supremo que una mujer hace por parir, enviando la corriente nerviosa hacia los órganos sexuales, pero esforzándose en cerrar con ella los esfínteres o puertas de escape por donde el licor seminal suele escapar. Este es un esfuerzo supremo.

2. Inhálese como bombeando o haciendo subir con la respiración el licor seminal hasta el cerebro. Al inhalarse se vocaliza el mantra HAM; imagínese esta energía subiendo hasta el cerebro y pasando luego al corazón.

3. Exhale ahora el aliento imaginando que la energía sexual se está fijando en el corazón; vocalice al exhalar el mantra SAH.

4. Si el espasmo es muy fuerte, refrene, refrene y continúe inhalando y exhalando con ayuda del mantra HAM SAH. HAM es masculino, SAH es femenino. HAM es solar, SAH es lunar.

Hay que expulsar el aire rápidamente por la boca produciendo el sonido SAH en forma suave y deliciosa. Hay que inhalar con la boca entreabierta cantando mentalmente el mantra HAM.

La idea fundamental de este ejercicio esotérico es la de invertir el proceso respiratorio haciéndolo verdaderamente positivo, ya que en el estado actual predomina el aspecto negativo lunar SAH, que viene a producir la descarga seminal. Invirtiendo el proceso respiratorio mediante esta práctica respiratoria la fuerza centrífuga se convierte en centrípeta y el semen fluye entonces hacia dentro y hacia arriba.

–El Matrimonio Perfecto, capítulo 21–

HAN

El chakra Vishuddha de nuestra médula espinal reside en la misma base de nuestra laringe creadora.

Este maravilloso chakra está íntimamente relacionado con el tattva Akasha –elemento etérico–.

El color de este tattva es azul intenso.

El chakra laríngeo pertenece al tattva Manas.

La Seidad divina que protege a este chakra maravilloso es Sadashiva.

Este maravilloso chakra tiene dieciséis hermosos pétalos.

Realmente, el centro de este chakra parece una luna llena.

Los yoguis de la India sostienen que practicando la meditación sobre este chakra podrá sostenerse uno con el cuerpo físico aun durante el mismo Pralaya –Noche Cósmica–.

El que aprende a meditar en este chakra puede conocer el más elevado esoterismo de todos los libros sagrados y de los Vedas.

El yogui que aprende a meditar en este chakra alcanzará el estado grandioso de Trikala-Jnana, o sea, aquel que puede conocer todo lo pasado, lo presente y lo futuro.

El mantra del tattva Akasha es **HAN**. No hay duda de que este mantra debe ser utilizado por el yogui cuando está meditando en este maravilloso chakra.

–Los Misterios del Fuego, capítulo 9–

HARE RAM...

A continuación vamos a enseñar los mantras que un sabio enseña en uno de sus libros para la salida astral. Estos mantras están en idioma sánscrito y los usan los yoguis de la India para salir en astral.

MantraS PARA LAS SALIDAS ASTRALES

Hare Ram. Hare Ram, Ram Hare Hare. Hare Cristo. Hare Cristo, Cristo Cristo, Hare, Hare.

Hare Murare Modup Coiptus Hare Copal Govind Mukum Sonre.

Mage Prage Yodi Kolpi Basi Parvot Tullo Hiro No Dane En Bai de Nem.

Sri Govind, Sri Govind. Sri Govind. Sri Govind. Ganesha Namap.

El devoto debe dormir con la cabeza hacia el Norte o hacia el Oriente. Es necesario que el devoto se aprenda primero de memoria esos mantras de la India. Acuéstese el devoto en decúbito dorsal —boca arriba—. Suplique, llame e invoque con toda su alma al Maestro Lakshmi para que lo saque en cuerpo astral consciente y positivamente. Es necesario llamar a Lakshmi en nombre de Cristo.

INVOCACIÓN

«En nombre del Cristo, por la gloria del Cristo, por el poder del Cristo, yo te llamo, Lakshmi, Lakshmi, Lakshmi. Amén».

Esta invocación se repite millares de veces, suplicándole al Maestro Lakshmi que te saque del cuerpo físico conscientemente y que te enseñe a viajar conscientemente en cuerpo astral. Después de hecha la invocación recitad los mantras sánscritos millares de veces con la mente concentrada en el Cristo. Adormeceos tranquilos, haciendo la invocación. Cuando despertéis del sueño practicad luego un ejercicio retrospectivo para recordar dónde estuvisteis, por dónde anduvisteis, con quién tuvisteis pláticas, etc.

Es necesario pedir a Lakshmi que os enseñe a salir conscientemente en astral.

—*El Matrimonio Perfecto*, capítulo 32—

HARPOCRATIST

Más tarde la Dama-Adepto me explicó algo sobre el huevo órfico y los estados de Jinas. Me viene a la memoria el huevo de oro de Brahma, que simboliza el universo.

Nuestra tierra tiene forma oviforme. La primera manifestación del cosmos en forma de huevo era la creencia más difundida en la antigüedad.

En el ritual egipcio, Keb, el Dios del tiempo y de la tierra, se dice que puso un huevo, o el universo; un huevo concebido a la hora del Gran Uno de la fuerza doble.

El Dios Ra es representado por los egipcios en proceso de gestación dentro de un huevo.

El huevo órfico figuraba en los misterios dionisíacos.

En Grecia y en la India, el primer ser masculino visible que reunía en sí mismo los dos sexos era representado saliendo de un huevo.

El huevo simboliza al mundo. Así pues, la lógica nos invita a pensar que en el huevo existen grandes poderes ocultos.

La gurú Litelantes me explicó la fórmula mágica del huevo. Me dijo la gurú Litelantes que con el huevo podía uno poner el cuerpo físico en estado de Jinas.

Hay que hacer un pequeño agujero al huevo en el extremo puntiagudo, y por entre ese agujero sacar su yema y su clara. El huevo hay que tibiarlo en agua ligeramente, antes de hacerle el agujero. El discípulo deberá pintar ese huevo de color azul. Se coloca esa corteza cerca de nuestro lecho, y el discípulo se adormecerá imaginándose metido entre el huevo.

El Maestro Huiracocha dice que en estos instantes debe uno invocar al Dios Harpócrates, pronunciando el siguiente mantra: HARPOCRATIST. Entonces el Dios Harpócrates llevará al discípulo entre el huevo. El discípulo sentirá una gran rasquiña o picazón en su cuerpo. El discípulo se sentirá incómodo, porque tendrá la posición incómoda con que se representa a un pichón entre el huevo. El discípulo no debe protestar, el Dios Harpócrates lo transportará a cualquier sitio lejano y luego abrirá el huevo y lo dejará allá.

Al principio el estudiante solo conseguirá transportarse en cuerpo astral. Más tarde el estudiante ya podrá transportarse con su cuerpo físico en estado de Jinas. Esto es cuestión de mucha práctica y tenacidad

Los estados de Jinas nos permiten realizar todas estas maravillas. La gurú Litelantes me demostró, prácticamente, cómo un cuerpo físico en estado de Jinas puede asumir distintas formas, y agrandarse y empequeñecerse a voluntad.

Realmente, la medicina oficial no conoce el cuerpo físico sino en sus aspectos puramente primarios o elementales. Empero los científicos ignoran totalmente que el cuerpo físico es plástico y elástico. La anatomía y fisiología oficiales se encuentran en estado embrionario todavía.

Las fuerzas que la gurú Litelantes me enseñó a manejar son las fuerzas harpocratianas, que bullen y palpitan en todo el universo. Las fuerzas de HARPOCRATIST son una variante de las fuerzas crísticas.

Dondequiera que haya un estado de Jinas, un desdoblamiento astral, un templo de Jinas o un lago encantado, allí están las fuerzas de HARPOCRATIST en función activa. Con estas prácticas de HARPOCRATIST el discípulo va acumulando esas energías de HARPOCRATIST, que más tarde le permitirán realizar verdaderas maravillas y prodigios.

Esta ciencia maravillosa la aprendí de la gurú Litelantes, mi esposa-sacerdotisa, que trabaja en los mundos superiores como uno de los cuarenta y dos jueces del Karma.

–Tratado de Medicina Oculta y Magia Práctica,
capítulo «Las fuerzas harpocratianas y el huevo órfico»–

Si invocamos al dios Harpócrates él concurrirá a nuestro llamado. Con el mantra HARPOCRATIST podemos invocar a este

Ángel. Con la ayuda de este Ángel podemos poner nuestro cuerpo en estado de Jinas. Con la ayuda de este Ángel podemos transportarnos a cualquier parte del mundo en pocos instantes.

[...]

El discípulo pondrá esta corteza [de huevo] junto a su cabeza en el lecho. El discípulo deberá imaginarse a sí mismo metido entre esa corteza. El discípulo invocará a HARPOCRATIST y le pedirá que lo transporte con cuerpo físico a donde quiera ir. Levántese el discípulo conservando el sueño como un sonámbulo, coja la corteza del huevo y salga de su cuarto, diciendo:

«Harpócrates, ayúdame porque voy con mi cuerpo».

Así podrán los discípulos de nuestro Movimiento Gnóstico meterse con su cuerpo físico dentro de los mundos internos, así podrán ir en carne y hueso a la Santa Iglesia Gnóstica, así podrán recibir la comunión de pan y vino y asistir al Pretor. Así podrán conocer los Grandes Misterios sin necesidad de estar dañando su mente con las teorías y discusiones estériles de las escuelas espiritualistas.

Existen lagos encantados, lagos de Jinas; existen montañas, templos, pueblos y ciudades en estado de Jinas. En los llanos orientales de Colombia existe una ciudad llamada Manoa en estado de Jinas. En todas las montañas del mundo hay templos de la Logia Blanca en estado de Jinas.

Nuestro Summum Supremum Sanctuarium gnóstico de la Sierra Nevada de Santa Marta, en Colombia, está entrando en estado de Jinas. Dondequiera haya un templo, montaña o lago encantado –en estado de Jinas–, allí están las fuerzas de HARPOCRATIST en intensa actividad.

De ninguna manera deben cansarse los estudiantes gnósticos. Algunos triunfan inmediatamente, otros tardan meses y hasta años para lograr el éxito en los estados de Jinas. La tenacidad y la paciencia son el fundamento de todo progreso. Con estas prácticas de HARPOCRATIST, los discípulos van acumulando dentro de sus vehículos esa maravillosa fuerza de HARPOCRATIST. Más tarde dispondrán de estas maravillosas energías para poner su cuerpo en estado de Jinas. Con estas fuerzas se hacen maravillas.

—Misterios Mayores, capítulo 15—

El discípulo puede utilizar las fuerzas del dios Harpócrates para aprender a viajar con el cuerpo físico en estado de Jinas.

PRÁCTICA

A un huevo de gallina hágasele un agujero pequeño en su extremo más agudo; con un instrumento agudo sáquesele la yema y la clara. Antes debe tibiarse el huevo en agua. La corteza del huevo contiene las fuerzas del dios Harpócrates, que son una variante de las fuerzas crísticas. El estudiante pondrá la corteza o cáscara sobre su cabecera o cerca de la cama, luego se adormecerá invocando al dios Harpócrates.

Solo un poquito de sueño es lo que se necesita, y muchísima fe; debe dormirse orando lleno de fe la oración del dios Harpócrates, así:

«Creo en Dios, creo en Cristo y creo en HARPOCRATIST. HARPOCRATIST, llevadme con mi cuerpo a la Iglesia Gnóstica».

Esta oración la rezará mentalmente muchas veces seguidas. Luego, adormecido como un sonámbulo, se levantará del lecho, cogerá el huevo y luego caminará, diciendo:

«HARPOCRATIST, ayudadme porque voy con mi cuerpo».

Antes de salir de la casa se saltará lo más largo que se pueda y se marcará el sitio exacto donde se cae al saltar. La otra noche repite el experimento en el mismo lugar tratando de superar la marca anterior. Debe conservarse el sueño como un tesoro; el poder está en el sueño y en la fe intensísima. Diariamente se marcarán los nuevos avances. Así hay que perseverar días, meses o años hasta triunfar.

El aumento progresivo en la distancia recorrida es señal evidente de un grandioso progreso; eso demuestra que poco a poco va entrando en estado de Jinas. Más tarde, el discípulo llegará a dar saltos de tres, cuatro o más metros. La tenacidad es importantísima; solo así se triunfa. Al fin, el discípulo logra realmente sostenerse en el espacio más allá de todo límite normal, entonces su cuerpo está en estado de Jinas; la gente no podrá verlo, se ha hecho invisible.

En ese estado el cuerpo se ha sumergido dentro de los mundos internos, queda entonces sujeto a las leyes de los mundos suprasensibles: levitación, elasticidad, plasticidad, porosidad, etc., sin perder sus características fisiológicas. Esta es una modificación del sonambulismo, un sonambulismo voluntario y consciente. Las fuerzas del sueño y de la fe son terribles. Así podemos recibir las enseñanzas directamente en los templos internos.

En la India, los yoguis, practicando un Samnyasa sobre el cuerpo físico, entran en estado de Jinas. El Samnyasa consta de una concentración, meditación y éxtasis instantáneos, simultáneos. Nosotros entramos en Jinas con la práctica de Harpócrates. Cuando el yogui practica su Samnyasa, vuela, camina sobre el agua, pasa por el fuego sin quemarse, y entre las rocas y cavernas de la tierra. El que llega a estas alturas de la meditación es ya un samnyasin del pensamiento.

En Occidente utilizamos la yoga occidental, de la cual forma parte la práctica de Harpócrates. Las condiciones para realizarla son: fe, tenacidad y silencio. El que ande contando sus victorias a los demás pierde sus poderes y se convierte en un bribón. Esa clase de sujetos habladores, imbéciles, deben ser expulsados del Movimiento Gnóstico.

En carne y hueso —Jinas— podemos visitar el Tíbet y hablar con los Maestros y el Cristo Jesús. La señora Neel nos habla en su libro *Los ascetas semivolantes del Tíbet** de lamas tibetanos que recorren grandes extensiones en estado sonambúlico sin cansarse. Imitemos a estos ascetas. Nosotros somos totalmente prácticos, no nos gusta perder el tiempo en vagabunderías intelectuales; así hablamos los gnósticos, «a lo macho».

---

* *También conocido como* Místicos y magos del Tíbet.

Ahora la gente quiere cosas prácticas, no más teorías, no más vagabunderías intelectuales, no más explotación, vamos a los hechos prácticos, vamos al grano.

Desdichado aquel que utilice estos poderes para sus fornicaciones y maldades. Aquellos que adquieran estos poderes solo deben utilizarlos para visitar los monasterios de la Logia Blanca o para estudiar las maravillas de la Naturaleza.

Después de cada práctica de Harpócrates acumulamos dentro de nuestros cuerpos internos enormes cantidades de energía con las cuales vamos poco a poco logrando el poder para poner el cuerpo en estado de Jinas. Se necesita mucha paciencia.

El que haga mal uso de estos poderes se hundirá entre las tinieblas exteriores, donde solo se oye el llanto y el crujir de dientes. A esos más les valiera no haber nacido o colgarse una piedra al cuello y arrojarse al mar. Esta es una ciencia divina; desgraciadamente, la humanidad solo quiere dinero, coito y crimen. Los hermanos espiritualistas son víboras entre ramos de flores, son peores que los profanos.

ADVERTENCIA

Con mucho sueño se sale en cuerpo astral, con poco sueño y fe ardiente se viaja con el cuerpo en estado de Jinas. Aprended, pues, a graduar el sueño.

—*Misterios Mayores*, capítulo 60—

[...]

Todo aquel que aprende a viajar con el cuerpo de carne y hueso por entre los mundos superiores, de hecho puede hacer maravillas.

Jesús hacía estas maravillas; Jesús caminaba sobre las aguas porque llevaba su cuerpo físico sumergido dentro de los mundos internos.

Pedro también aprendió; al principio le iba costando caro. Recuerden aquella noche en que Jesús caminó sobre las aguas del

Mar de Galilea; eso fue muy interesante. Él venía con su cuerpo físico en estado de Jinas; Pedro salió a su encuentro. Desgraciadamente, Pedro dudó. Si Pedro no hubiera dudado, tampoco se habría sumergido. El pobre Pedro ya se estaba sumergiendo; Jesús tuvo que ayudarlo y le dijo: «¡Hombre de poca fe!, ¿por qué dudaste?». La clave para poner el cuerpo físico en estado de Jinas es la fe. El hombre que no tiene fe, pues fracasa. De hecho, la fe es un poder solar. No me estoy refiriendo, hermanos, a la fe aquella del carbonero; hablo de la fe consciente.

Yo, por ejemplo, creo firmemente que dos y dos son cuatro. Si hago la suma eso resulta; eso se llama fe consciente. La fe del carbonero es otra. No estamos hablando de la fe del carbonero, estamos hablando de la fe consciente.

Bien, si ustedes quieren meterse con su cuerpo físico dentro de los mundos internos pueden hacer lo siguiente: acuéstense del lado izquierdo, pongan la mano izquierda sobre la almohada; luego apoyen la cabeza sobre la palma de la mano izquierda, ¿entendido? Bien, invoquen a Harpócrates así:

«¡HARPOCRATIST!, ¡HARPOCRATIST!, ¡HARPOCRATIST!

¡Por el Cristo, por el Cristo, por el Cristo, te invocamos, te llamamos!

¡Por el Absoluto, por el Absoluto, por el Absoluto, te llamamos!

¡HARPOCRATIST! Ayudadme a poner mi cuerpo físico en estado de Jinas».

Bien, hermanos, ahora adormézcanse, siempre concentrados en Harpócrates. Cuando ya se sientan con un poquito de sueño, cuando ya comiencen a sentir los primeros síntomas del sueño, pueden levantarse de la cama con toda la fe.

Levántense lo mismo que se levanta un sonámbulo, pero levántense, ¿entendido? Levántense conservando el poquito de sueño que tengan, ¿comprenden? Bien.

Después de levantarse darán unos pasos dentro de su propia recámara o habitación. Luego, antes de salir a la calle, es mejor que hagan el ensayito dentro, dentro de la propia recámara, para saber si ya están en estado de Jinas, porque de lo contrario, ¿qué van a hacer ustedes en la calle?

Den el saltito, pues, y si flotan es porque ya el cuerpo se metió dentro de los mundos internos. Entonces pueden salir tranquilamente a la calle y dirigirse a los templos que están en estado de Jinas.

—El Quinto Evangelio,
conferencia «Naturaleza práctica del Mensaje de Acuario»—

Otras referencias:

—El Quinto Evangelio,
conferencia «Poderes secretos del verdadero Adepto»—

—El Quinto Evangelio,
conferencia «Nociones esenciales sobre ocultismo práctico»—

HELIÓN MELIÓN TETRAGRÁMMATON

Cuando tracéis a vuestro alrededor el círculo mágico, ya sea con la espada o únicamente con la voluntad y la imaginación unidas en vibrante armonía, o con ambas cosas a la vez, pronunciad los mantra siguientes:

HELIÓN MELIÓN TETRAGRÁMMATON.

Con el círculo mágico y el pentagrama esotérico se defiende el mago de los ataques de los Demonios.

—Tratado de Medicina Oculta y Magia Práctica,
capítulo «Conjuros y Oraciones de Protección»—

HIRAM

Los cordones de Idá y Pingalá son las dos columnas «J» y «B» de la Masonería, llamadas Jakin y Bohas. Por entre ambos canales nerviosos suben las fuerzas solares y lunares, que cuando hacen contacto en el coxis despierta «Hiram», el Fuego Divino que construye el templo para Salomón −el Íntimo−.

HIRAM es también un mantra del Kundalini.

La H se pronuncia como un suspiro, la I se vocaliza así: IIIII; y el resto así: RRRRRAAAAAMMMMM.

−*Curso Zodiacal*, capítulo «Resumen de las lecciones»−

I

Los discípulos gnósticos deben cultivar la serenidad.

La serenidad es la clave más poderosa para el desarrollo de la clarividencia.

La cólera destruye la armonía del conjunto y daña totalmente los pétalos de la rosa ígnea del entrecejo.

La cólera descompone la luz astral en un veneno llamado «imperil» que daña los pétalos de la rosa ígnea del entrecejo y obstruye los canales del sistema nervioso gran simpático. Hay que hacer rotar el chakra de la clarividencia con la vocal I, la cual se debe vocalizar diariamente alargando el sonido de la vocal, así: IIIIIII.

—*Rosa Ígnea*, capítulo 8—

Este sentido nos permite ver en el «ultra», y se halla íntimamente relacionado con la glándula pituitaria.

La glándula pituitaria está exactamente situada entre las dos cejas. La vocal fundamental de esta glándula es la vocal I. Sobre esa vocal se sostienen todos los mantras relacionados con el poder de la divina clarividencia.

La vocal I se pronuncia así: IIIIIII.

Se puede vocalizar esta letra muchas veces. También, con esta vocal se pueden combinar algunas consonantes y el resultado es asombroso; así se forman mantras.

—El Quinto Evangelio,
conferencia «En el principio era el Verbo»*—*

Se puede despertar el sexto sentido con este procedimiento: siéntese frente a una mesa, mire fijamente el agua contenida en un vaso por espacio de diez minutos todos los días. Al cabo de algún tiempo de prácticas se despertará la clarividencia. La vocal I, pronunciada diariamente durante una hora, produce el mismo resultado. Despertada la clarividencia, se podrán ver los cuerpos internos y estudiar su anatomía.

—Tratado de Medicina Oculta y Magia Práctica,
capítulo «Las cinco causas de las enfermedades»*—*

La glándula pineal está influenciada por Marte, y la glándula pituitaria por Venus. La glándula pituitaria produce el sueño, y la pineal nos incita a la lucha, y de esta manera, mientras Venus quiere dormir, Marte quiere seguir luchando.

Durante este signo el discípulo deberá vocalizar diariamente y durante una hora la vocal I, así: IIIIIII.

Esta vocal os hará vibrar la glándula pineal, y al fin os volveréis clarividentes. La glándula pineal desarrollada nos convierte en Superhombres, y atrofiada nos convierte en idiotas. Ella se halla desarrollada en los castos y atrofiada en los fornicarios.

—Curso Zodiacal, capítulo 1*—*

IAO

Meditad profundamente en el Templo Corazón del centro de la Tierra. Meditad en el Genio de la Tierra, cuyo nombre es Chamgam. Rogadle que os ponga en contacto con los gnomos que habitan en las entrañas de la Tierra. Llamad al Genio de los gnomos. Ese Genio se llama Gob.

Adormeceos concentrados en ese Genio. Vocalizad el mantra IAO.

La meditación muy profunda combinada inteligentemente con el sueño os permitirá entrar en los Paraísos Elementales de la Naturaleza. Todo alquimista necesita trabajar con los elementales de la Naturaleza.

−Curso Esotérico de Kábala, capítulo 4−

El mantra IAO también era vocalizado por el Maestro Jesús durante el trance de Magia sexual. Jesús sabía retirarse a tiempo para evitar la eyaculación seminal; así despertó todos los poderes ocultos. El mantra IAO se vocaliza articulando largamente cada una de las vocales por separado, sin unirlas. El mantra IAO tiene el poder de despertar la Serpiente Sagrada.

Jesús supo amar a la mujer, y así despertó el Fuego Sagrado del Espíritu, y recorrió las treinta y tres cámaras sagradas del templo.

−Misterios Mayores, capítulo 38−

Cuando en el *sanctum sanctorum* del Templo de Salomón el Sumo Sacerdote cantaba el terrible mantra IAO, resonaban los tambores del templo para impedir que los profanos escucharan el sublime IAO.

El gran Maestro Huiracocha dice en *La Iglesia Gnóstica* lo siguiente:

«*Diodoro dijo: Sabed que entre todos los Dioses el más elevado es IAO. Aides* es el invierno; Zeus principia en primavera; Helios en verano, y en otoño vuelve a la actividad IAO, que trabaja constantemente. IAO es Jovis-Pater, es Júpiter, a quien llaman los judíos, sin derecho, Yahvé. IAO ofrece el sustancioso vino de vida, mientras Júpiter es un esclavo del Sol*».

I: *Ignis* –fuego, alma–.

A: *Aqua* –agua, substancia–.

O: *Origo* –causa, aire, origen–.

Huiracocha dice: «IAO es el nombre de Dios entre los gnósticos».

El Espíritu Divino está simbolizado por la vocal O, que es el Círculo Eterno. La letra I simboliza al Ser interno de cada hombre, pero ambos se entremezclan con la letra A como punto de apoyo. Este es el poderoso mantra o mágica palabra que se debe cantar cuando estamos practicando Magia sexual con la esposa-sacerdotisa.

Se debe prolongar el sonido de las tres poderosas vocales, así: IIIII, AAAAA, OOOOO, es decir, alargando el sonido de cada vocal. Se exhala el aire después de haberlo inhalado llenando los pulmones. Se inhala hasta contar veinte, se retiene hasta contar veinte y, luego, se exhala el aire vocalizando la letra I. En la exhalación se cuenta hasta veinte. Se repite lo mismo para la letra A. Luego se sigue con la letra O. Esto es por siete veces. Después se continúa con los poderosos mantras arcaicos: KAWLAKAW SAWLASAW ZEESAR.

KAWLAKAW hace vibrar al Hombre-Espíritu.

SAWLASAW pone en vibración a la humana personalidad terrestre.

ZEESAR hace vibrar el astral del hombre.

Estos son mantras antiquísimos.

---

* *Aides, «el que se torna invisible», era el nombre con el que los griegos designaban a Hades, el Dios de los Infiernos.*

[...]

Volviendo ahora al IAO que, como ya dijimos, es el nombre de Dios entre los gnósticos, añadiremos lo siguiente: La vocal I hace vibrar la glándula pineal y el embrión de Alma que todo ser humano lleva encarnado; la vocal A pone en vibración el vehículo físico, y la formidable O hace vibrar los testículos, transmutando maravillosamente el licor seminal hasta convertirlo en energías crísticas que ascienden victoriosamente hasta el cáliz –cerebro–.

El Evangelio de San Juan comienza cantando al Verbo:

«En el principio era el Verbo, y el Verbo era con Dios, y el Verbo era Dios. Este era en el principio con Dios. Todas las cosas por Él fueron hechas; y sin Él nada de lo que es hecho, fue hecho. En Él estaba la vida, y la vida era la luz de los hombres. Y la luz en las tinieblas resplandece; mas las tinieblas no la comprendieron» –Juan 1:1-5–.

La palabra JUAN se descompone en las cinco vocales, así: IEOUA, IEOUAN –JUAN–. Todo el Evangelio de Juan es el Evangelio del Verbo.

[...]

Recordad, amado lector, la Sagrada Joya con su IAO. En el GAIO está oculto el IAO. Trabajad con el IAO.

El sacerdote, el maestro de toda logia, el discípulo de yoga, todos, todos, lograrán Nacer, lograrán conservar su verdadera castidad, si practican Magia sexual.

Bendito sea el IAO, bendita sea la Magia sexual, bendito el Matrimonio Perfecto. En la Magia sexual se halla la síntesis de todas las religiones, escuelas, órdenes y yogas. Todo sistema de Autorrealización sin la Magia sexual, está incompleto, y, por lo tanto, no sirve.

–El Matrimonio Perfecto, capítulo 9–

El poderoso mantra IAO resume el poder mágico del triángulo de los «elementos-principios»:

I: *Ignis* –fuego–.

A: *Aqua* –agua–.

O: *Origo* –principio, Espíritu–.

IAO es el mantra supremo del Arcano A.Z.F.

Quien quiera hacer subir por el canal medular el alma del mundo debe trabajar con el Azufre –Fuego–, con el Mercurio –Agua–, y con la Sal –Tierra Filosófica–. Solo así se nace en Espíritu y en Verdad.

El Azufre –Fuego– arde totalmente sin dejar residuo, y el Azufre es el *Schin* del Zohar; y el Agua es el *Men* del Zohar –el Ens-Seminis–. El Fuego y el Agua, mediante sucesivas transmutaciones, quedan reducidos al *Aleph* kabalístico, que los alquimistas denominan *Alkaest*. Así se realiza el IAO y así se abren las doce facultades del alma. El alma se cristifica, Kundalini florece en nuestros labios fecundos hecha Verbo. El Ternario es la Palabra, la Plenitud, la Fecundidad, la Naturaleza, la Generación de los Tres Mundos.

–Curso Esotérico de Kábala, capítulo 3–

La sadhana tántrica gnóstica es muy sencilla: Hombre y mujer en la posición normal, común y corriente, durante el acto sexual. Lo importante es retirarse antes del espasmo para evitar la eyaculación del semen.

IAO es el mantra tántrico por excelencia; **I** nos recuerda a *Ignis*, el fuego; **A** es el *Aqua*, el agua; **O** significa *Origum*, Espíritu. **IAO** deben resonar durante la práctica con el Maithuna.

Resulta interesantísimo que las gónadas sexuales estén gobernadas esotéricamente por Urano, el planeta de Acuario, Rey divino de la primitiva Atlántida. Esto nos recuerda a Ur-Anas, el Fuego y el Agua primordiales, que equivale a lo mismo, estableciendo el primer culto luni-solar de la andrógina **IO**, es decir, la aparición de la astroteología caldea, y por eso Urano, el Asura-Maya, el primer atlante, es de hecho el primer revelador de los Misterios Sexuales.

–Mensaje de Navidad 1967-68, capítulo 22–

En el semen existe un átomo angélico que gobierna nuestros vapores seminales.

Ese átomo angélico eleva los vapores de nuestro semen hacia el canal medular para que el ángel de los cedros del bosque lo utilice para abrir la puerta inferior de la médula a fin de que la Divina Princesa del Kundalini entre por allí.

Por ello las puertas del templo de Salomón se construyeron con cedros del Líbano.

En la palabra Líbano se halla encerrado el IAO, que permite al ángel de los cedros del bosque abrir la puerta de la médula espinal cuando practicamos Magia sexual.

IAO es el mantra de la Magia sexual.

La pronunciación correcta de este mantra es vocalizando cada letra por separado y alargando el sonido de cada vocal.

El mantra IAO se debe vocalizar durante los trances de la Magia sexual para despertar nuestro Fuego Sagrado.

En nuestra columna espinal existen siete nadis o centros ocultos, simbolizados por los siete nudos de la caña de bambú.

Nuestra columna espinal, verdaderamente, tiene la forma de una caña de bambú con sus siete nudos.

—*Rosa Ígnea*, capítulo 10—

El gran Maestro Huiracocha ha hablado sobre el IAO extensamente en su Logos, Mantra, Magia y en su Novela *Rosa-Cruz*. Este mantra se vocaliza letra por letra, separando cada letra y prolongando el sonido de cada letra en el preciso instante de estar conectado a la esposa —la sacerdotisa—. Así despierta la Serpiente Sagrada.

—*Mensaje de Acuario*, capítulo 32—

IAO: esas tres letras vocales deberán pronunciarse durante este trance sexual así:

IIIII, AAAAA, OOOOO.

Cada letra requiere una exhalación completa de los pulmones; luego se llenan completamente y se pronuncia la segunda, y luego la tercera. Esto se debe hacer mentalmente cuando la sacerdotisa no está preparada, evitando así malas interpretaciones por su parte.

Con esta clave despierta nuestro Kundalini y al fin llegamos al matrimonio de Nous y conquistamos a la bella Helena por la cual pelearon tantos ilustres guerreros de la vieja Troya.

—La Revolución de Bel, capítulo 3—

Durante la conexión de Magia sexual con la sacerdotisa, tenemos que pronunciar estas tres vocales: I, A, O, porque IAO es el nombre de nuestra Culebra.

—La Revolución de Bel, capítulo 10—

Hombre y mujer deberán besarse y acariciarse mutuamente durante esta práctica pronunciando el mantra IAO, así: IIIII, AAAAA, OOOOO, siete o más veces, una letra por cada aspiración de aire.

Cuando ya se sientan fuertes dolores en el coxis, es señal de que el Kundalini ha despertado; él irá subiendo por el canal de la columna espinal, cañón por cañón, según nuestros méritos morales.

—La Revolución de Bel, capítulo 16—

IAO es el nombre sagrado. IAO es el mantra de la Novena Esfera. IAO es el dharani de la Magia sexual.

I nos recuerda a *Ignis*, el Fuego.

A nos recuerda al *Agua*, Aqua.

O nos recuerda al *Origo*, Principio, Espíritu.

I: *Ignis*, —INRI, el Azufre—.

A: *Aqua* —el Mercurio de la Filosofía Secreta—.

O: *Origo* —el principio mediador entre el Azufre y el Mercurio de la Filosofía Secreta—.

El Hombre Perfecto se pone en movimiento por:

I: *Ignis*, INRI, el Fuego.

A: *Aqua*, el Mercurio que se extrae del mineral en bruto, el alma metálica del Esperma Sagrado, el agua que no moja, es la fuente de la Inmortalidad.

O: *Origo*, el principio mediador ente el Azufre y el Mercurio, une a estas dos sustancias antes de morir.

El Azufre y el Mercurio, unidos mediante la Sal, dan origen al Carbunclo Rojo, la Piedra Filosofal.

En nuestro próximo libro titulado *La Gran Obra* enseñaremos toda la Ciencia de la Alquimia, los misterios develados de la Gran Obra.

F, Fuego, *Fohat*; sin Fuego nunca se puede elaborar el A, el Agua pura de vida, el Mercurio de la Gran Obra.

O, *Origo*, Principio, Espíritu, sal que participa por volátil del elemento aire y por lo fijo del elemento fuego debe ser analizada.

La Sal está entre el «M» —mar, Agua—, y, sin embargo, participa del Fuego —Azufre—.

La Sal es volátil y participa del aire, sin embargo, también participa del elemento tierra, como vemos en las minas de sal.

La Sal se relaciona con el aire, con el fuego, con el agua y la tierra.

La Sal es la gran mediadora entre el Azufre y el Mercurio; liga a estos dos elementos, los integra, los une en un todo único.

M, o mejor, O; su interpretación es A, porque se halla en el mar caótico del Mercurio Sagrado; es la Sal del Gran Océano.

P, PATAR, Pedro, el Sexo y sus misterios, no podrían funcionar sin *Origo*, el principio, la sustancia que une al Azufre y al Mercurio.

—Pistis Sophia develada, capítulo 62—

Necesitamos cristificarnos. Ningún ser humano puede retornar al Padre sin haber sido devorado por la Serpiente. Nadie puede ser devorado por ella sin haber trabajado en la Fragua Encendida de Vulcano —el sexo—. La llave de la cristificación es el Arcano A.Z.F. El mantra del Gran Arcano es IAO.

I: *Ignis*, fuego.

A: *Aqua*, agua.

O: *Origo*, principio, Espíritu.

A la Fragua Encendida de Vulcano bajan Marte para retemplar su espada y conquistar el corazón de Venus, Hércules para limpiar los establos de Augías con el Fuego Sagrado y Perseo para cortar la cabeza de la Medusa.

—Tarot y Kábala, capítulo 24—

Otras referencias:

—Tratado de Medicina Oculta y Magia Práctica, capítulo «La Meditación»—

—El Libro Amarillo, capítulo 1—

—Tarot y Kábala, capítulo 3—

—El Parsifal Develado, capítulo 23—

—El Misterio del Áureo Florecer, capítulo 24—

—Curso Esotérico de Kábala, capítulo 7—

IAO OU AOAI OUO OUOAE KORE

MantraS DE LA MAGIA SEXUAL

IAO OU AOAI OUO OUOAE KORE

Continuad ahora con los poderosos mantras:

KAWLAKAW SAWLASAW ZEESAR.

KAWLAKAW es el Dios interno.

SAWLASAW es el hombre terrenal.

ZEESAR es el cuerpo astral.

Estos poderosos mantras desarrollan todos nuestros internos poderes. Ya hablamos también del INRI y sus modificaciones. El alquimista no debe olvidar ninguno de estos mantras.

—Curso Esotérico de Kábala, capítulo 9—

Hay que prolongar el sonido de las tres vocales así: IIIII, AAAAA, OOOOO, exhalando todo el aire de los pulmones con cada letra; esto muchas veces. Luego hay que seguir con las vocales OU AOAI OUO OUOAE KORE, prolongando el sonido largamente sobre las vocales, que hacen vibrar potentemente todo el conjunto humano transmutando el semen en luz y fuego.

Enseguida se continúa con los poderosos mantras KAWLAKAW SAWLASAW ZEESAR, acentuando el sonido sobre las vocales.

KAWLAKAW hace vibrar al Íntimo.

SAWLASAW hace vibrar nuestra personalidad.

ZEESAR hace vibrar nuestro astral.

El acto de Magia sexual debe terminar orando al Íntimo y rogándole que despierte su Kundalini.

Estos mantras hacen vibrar nuestro Chrestos y nos hacen dar ánimo y valor para dominar a la bestia pasional.

El mantra IAO es el poderoso mantra de nuestras fuerzas sexuales. IAO es el mantra de nuestro Kundalini. La vocal I hace vibrar nuestra glándula pineal y nuestra alma, la vocal A hace vibrar nuestro cuerpo físico, y la vocal O hace vibrar nuestros testículos, transmutando el semen y haciéndolo ascender hacia arriba, hacia la cabeza; esa vocal también hace vibrar nuestro Kundalini y nuestro Íntimo. Así pues, IAO es el nombre de Dios entre los cristianos gnósticos.

—El Matrimonio Perfecto de Kínder, capítulo 6—

I-E-O-U-A

El Dr. Krumm Heller aconsejaba a sus discípulos una hora diaria de vocalización. Decía el Dr. Krumm Heller que se debería vocalizar en el siguiente orden: I-E-O-U-A. Aconsejaba el Dr. Krumm Heller llevar el sonido de cada vocal desde la cabeza hasta los pies. Quería decir, el Dr. Krumm Heller, que nos identificáramos con el sonido, llevándolo imaginativamente desde la cabeza hasta los pies, y que así despertarían todos los poderes del hombre.

El método del Dr. Krumm Heller es como sigue, empecemos:

IIIIIII

EEEEEEE

OOOOOOO

UUUUUUU

AAAAAAA.

Decía el Dr. Krumm Heller que el discípulo debería vocalizar una hora diaria; este es el sistema que enseñaba el gran Maestro Huiracocha, Krumm Heller.

Nosotros, con los hermanos de la Sierra Nevada de Santa Marta, allá en nuestro Summum Supremum Sanctuarium Gnosticum, vocalizábamos haciendo «cadenas», o también vocalizábamos solos, individualmente cada uno.

–El Quinto Evangelio,
conferencia «En el principio era el Verbo»–

Es urgente que todos los hermanos gnósticos comprendan en esta Navidad de 1965 la necesidad de estudiar música.

Es urgente que todos los hermanos gnósticos canten siempre las cinco vocales: I-E-O-U-A.

Es necesario comprender el valor de la palabra y no profanarla con pensamiento indigno.

–Mensaje de Navidad 1965-66, capítulo 1–

Las vocales I-E-O-U-A se localizan en la forma siguiente:

I. Plexo frontal.

E. Plexo laríngeo.

O. Plexo cardíaco.

U. Plexo solar.

A. Plexo pulmonar.

El que aprende a meditar en el chakra Ajna adquiere los ocho poderes mayores y los treinta y dos poderes menores.

La clarividencia psíquica es una puerta abierta ante ti, pero es necesario que adquirieras potencia y guardes la palabra del Señor para que no caigas en tentación.

−Misterios Mayas, capítulo 11−

Chakra frontal

Se desarrolla con la entonación de la vocal I así: IIIIIII.

Facultad: Clarividencia.

Chakra laríngeo

Se desarrolla cantando la vocal E así: EEEEEEE.

Facultad: Oído Mágico.

Chakra cardíaco

Se desarrolla vocalizando la letra O así: OOOOOOO.

Facultades: Intuición, desdoblamientos astrales, etc., etc.

Chakra umbilical

Se desarrolla entonando la vocal U así: UUUUUUU.

Facultad: Telepatía.

Chakras pulmonares

Se desarrolla cantando la letra A así: AAAAAAA.

Facultad: Recordación de existencias anteriores.

I-E-O-U-A es el orden de las vocales. Con estas letras se forman todos los mantras.

Decía el doctor Krumm Heller que una hora diaria de vocalización era mejor que leer un millón de libros de pseudoesoterismo y pseudoocultismo.

Yo entonces inhalaba con avidez suprema el prana cristónico, el aliento vital de las montañas, y luego exhalaba lentamente haciendo resonar la correspondiente vocal.

Manifiesto, para mayor claridad, que cada vocal iba precedida de una inhalación, y que solo resonaba al exhalar. Es obvio que inhalaba por las fosas nasales y que exhalaba por la boca.

RESULTADOS CONCRETOS

Todos mis chakras astrales o centros magnéticos intensificaron su actividad vibratoria, rotando positivamente de izquierda a derecha como las manecillas de un reloj, visto no de lado, sino de frente.

EJERCICIO RETROSPECTIVO

Con mucha didáctica, nos enseñó el profesor cierto ejercicio retrospectivo maravilloso. Nos aconsejó jamás movernos en el lecho en el instante del despertar, explicándonos que con tal movimiento se agita el cuerpo astral y se pierden los recuerdos.

Es incuestionable que durante las horas del sueño las almas humanas viajan fuera del cuerpo físico; lo importante es no olvidar nuestras experiencias íntimas al regresar al cuerpo.

Nos indicó practicar, en ese preciso momento, un ejercicio retrospectivo con el inteligente propósito de recordar hechos, ocurrencias y lugares visitados en sueños.

RESULTADOS

Declaro solemnemente que tal ejercicio psíquico me resultó asombroso porque mis recuerdos se hicieron más vívidos, intensos y profundos.

PLEXO SOLAR

De acuerdo con las instrucciones del profesor, diariamente –preferiblemente al salir el sol–, cómodamente me sentaba en un delicioso sillón con el rostro hacia el Oriente.

Imaginaba entonces en forma extraordinaria una gigantesca cruz dorada que desde el Este del mundo, y teniendo al astro rey por centro básico, lanzaba rayos divinos que, después de atravesar el infinito espacio, penetraban dentro de mi plexo solar.

Me encantaba combinar inteligentemente tal ejercicio con la entonación mántrica de la vocal U, prolongando el sonido como es debido: UUUUUUU.

–Las Tres Montañas, capítulo 5–

La vocal I despierta el chakra frontal y nos hace clarividentes.

La vocal E despierta el chakra tiroideo y nos hace clariaudientes.

La vocal O despierta el chakra del corazón y nos hace intuitivos.

La vocal U despierta el plexo solar y nos vuelve telepáticos.

La vocal A despierta los chakras pulmonares para recordar las pasadas encarnaciones.

Se vocalizan sosteniendo el sonido muy largamente en cada una, combinando la vocalización con el Pranayama, mentalmente. Se puede vocalizar en el siguiente orden:

IIIIIII

EEEEEEE

OOOOOOO

UUUUUUU

AAAAAAA.

Se imitará mentalmente el sonido del aire, del huracán, de la brisa. Debe vocalizarse separadamente cada letra.

–Misterios Mayores, capítulo 70–

Las vocales I-E-O-U-A se distribuyen en el siguiente orden:

I. Plexo frontal.

E. Plexo laríngeo.

O. Plexo del corazón.

U. Plexo solar.

A. Plexos de los pulmones.

Podemos meditar en cada una de estas vocales, haciéndolas pasar desde el entrecejo al cuello, corazón, plexo solar, piernas y pies para despertar todos nuestros poderes ocultos.

–Los Misterios del Fuego, capítulo 10–

El Verbo nace siempre de inmaculadas concepciones. El Verbo es siempre hijo de Vírgenes purísimas. La madre del Verbo es siempre una mujer. Jesús, crucificado en su cruz, sangrando y lleno de dolor, dirigiéndose a su madre dijo:

«*Mujer, he ahí tu hijo*» –Juan 19: 26–.

Refiriéndose a Juan, que estaba junto a María:

«*Después dice al discípulo: He ahí tu madre. Y desde aquella hora el discípulo [Juan] la recibió consigo*» –Juan19: 27–.

Juan se descompone en las cinco vocales; así:

I-E-O-U-A-N. Con estas cinco vocales formamos los mantras. Juan es el Verbo, la Gran Palabra.

«*De cierto, de cierto te digo que el que no naciere del agua [semen] y del Espíritu [fuego] no puede entrar en el Reino de Dios*» –Juan 3: 5–.

Todos los veintiún versículos del capítulo tres de San Juan encierran el Gran Arcano.

El Arcano A.Z.F. es el Gran Arcano.

«Y como Moisés levantó la serpiente en el desierto, así es necesario que el Hijo del Hombre sea levantado» –Juan 3: 14–.

Aquel que lo encarne lo levanta, lo resucita dentro de sí mismo.

«De cierto, de cierto te digo, que lo que sabemos hablamos, y lo que hemos visto testificamos, y no recibís nuestro testimonio» –Juan 3: 11–.

Nuestro divino Salvador da testimonio de lo que él vio y experimentó por sí mismo. Jesús es hijo del Agua y del Fuego. La madre del Verbo es siempre una mujer.

«Y nadie subió al cielo sino el que descendió del cielo, el Hijo del Hombre, que está en el cielo» –Juan 3: 13–.

Debemos disolver el Yo. El Yo no vino del cielo, no puede subir al cielo. Solo el Hijo del Hombre sube al cielo, porque descendió del cielo.

Todo vive por el Verbo. Todo se sostiene por el Verbo.

Las cinco vocales I-E-O-U-A resuenan como un arpa milagrosa del cosmos infinito, en el fuego flamígero, en el aire impetuoso, en las olas embravecidas y en la perfumada tierra.

La vocal I hace vibrar el chakra frontal. La vocal E hace vibrar el chakra laríngeo. La vocal O hace vibrar el chakra del corazón. La vocal U hace vibrar el chakra del plexo solar. La vocal A hace vibrar el chakra de los pulmones.

Una hora diaria de vocalización nos desarrolla y desenvuelve todos estos chakras, discos o ruedas magnéticas del cuerpo astral. Deberá inhalarse por las fosas nasales el prana, la vida, y luego exhalarlo por la boca vocalizando. Cada vocal tiene su gran poder. Hay que alargar y sostener el sonido de cada vocal para despertar los chakras.

Cuando morábamos en el Edén, todos estos sonidos de las vocales vibraban dentro de nuestro organismo. Ahora debemos volver a despertar estos milagrosos sonidos de la Naturaleza en todos los chakras del cuerpo astral. Allá en la Arcadia, en aquellos tiempos antiguos de la Naturaleza, éramos hombres paradisíacos. Desgraciadamente, la lira de Orfeo cayó sobre el pavimento del templo hecha pedazos.

Ahora debemos orar, meditar, transmutar y vocalizar para que el Ave Fénix resucite de entre sus propias cenizas.

–Mensaje de Acuario, capítulo 10–

Las vocales I-E-O-U-A tienen grandes poderes curativos: la vocal I hace subir la sangre a la cabeza, cura los órganos del cerebro y desarrolla la clarividencia. La vocal E hace subir la sangre a la laringe, cura las enfermedades de esta y desarrolla el oído mágico. La vocal O lleva la sangre al corazón, cura dicho órgano y nos despierta el sentido de la intuición. La vocal U lleva la sangre al plexo solar, nos despierta el sentido de la telepatía y nos sana el estómago. La vocal A lleva la sangre a los pulmones, confiriéndonos el poder de recordar nuestras pasadas reencarnaciones a la vez que los sana.

Las vocales antes mencionadas se vocalizan combinadas con la N así:

IIIIINNNNN

EEEEENNNNN

OOOOONNNNN

UUUUUNNNNN

AAAAANNNNN.

Una hora diaria de vocalización durante toda la vida nos vuelve magos. Se puede vocalizar con la laringe, con la mente, con el corazón, meditando en las fuerzas de estas cinco vocales, tal como lo enseñamos en páginas precedentes.

Existen ciertos mantras para despertar los chakras o poderes ocultos, basados en estas cinco letras, como los que damos a continuación:

SUIRA: Clarividencia.

SUERA: Oído mágico.

SUORA: Corazón. Intuición.

SUURA: Plexo Solar. Telepatía.

SUARA: Pulmones. Poder para recordar las pasadas reencarnaciones.

La pronunciación correcta de estos poderosos mantras es como se da a continuación:

SSUUIIIIIIIRRRRRAAAAAA

SSUUEEEEEEEERRRRRAAAAAA

SSUUOOOOOOOORRRRRAAAAAA

SSUUUUUUUUUURRRRRAAAAAA

SSUUAAAAAAAARRRRRAAAAAA.

Por medio de estos mantras llevamos el fuego del plexo solar a todos los chakras, para animarlos y despertarlos. No está por demás recordar la importancia que hay en la prolongación del sonido de las vocales.

—Tratado de Medicina Oculta y Magia Práctica,
capítulo «Palabras curativas —Mantras—»—

I-E-O-U-A-M-S

Las siete vocales de la naturaleza: I-E-O-U-A-M-S, resonaban antiguamente en el organismo humano. Cuando el hombre salió de las tierras de Jinas, se perdieron el ritmo y la armonía.

El hombre debe percibir la urgente necesidad de que las siete vocales de la naturaleza nuevamente vibren en su organismo, que resuenen con intensidad en las interiores cajas de resonancia, así como en cada uno de los plexos o chakras del cuerpo astral.

La clarividencia se desarrolla con la vocal I.

La clariaudiencia se despierta con la E.

El centro del corazón, que desarrolla la inspiración, con la vocal O.

[La telepatía se desarrolla con la vocal U].

Los chakras pulmonares, que facultan para recordar las reencarnaciones pasadas, se desenvuelven con la vocal A.

Y hacen vibrar todos los centros internos las vocales M y S.

Estas vocales, combinadas sabiamente con determinadas consonantes, integran los mantras que facultan el despertar de todos los chakras.

Enseguida se exponen al discípulo algunas series de estos mantras:

PRIMERA SERIE DE MantraS

CHIS: Clarividencia.

CHES: Clariaudiencia.

CHOS: Intuición, chakra del corazón.

CHUS: Telepatía, plexo solar.

CHAS: Memoria de las vidas pasadas, chakras pulmonares.

Vocalización: La vocalización debe hacerse así: se prolonga el sonido de cada letra. La combinación CH abunda considerablemente en los mantras hebreos y es de inmenso poder mágico.

La vocalización de cada mantra hace vibrar el centro magnético, chakra o disco con el cual se halla relacionada. La S está íntimamente conectada con el fuego, y se vocaliza dándole una entonación especial, un sonido silbante, agudo, semejante a aquel que producen los frenos de aire comprimido de cualquier máquina.

SEGUNDA SERIE DE MantraS

IN: Clarividencia.

EN: Clariaudiencia.

ON: Intuición, chakra del corazón.

UN: Telepatía, plexo solar.

AN: Memoria de las vidas pasadas, chakras pulmonares.

Vocalización: Se prolonga el sonido de cada vocal y se le da con la N una entonación acampanada, sonora y fuerte.

TERCERA SERIE DE MantraS

INRI: Clarividencia.

ENRE: Clariaudiencia.

ONRO: Intuición, inspiración, chakra del corazón.

UNRU: Telepatía, plexo solar.

ANRA: Memoria de las vidas pasadas, chakras pulmonares.

Vocalización: Estos mantras se vocalizan durante las prácticas de Magia sexual, para despertar los chakras respectivos. Se alargará el sonido de cada una de las letras que los componen. La letra R se vocaliza tal como ya se aclaró en el capítulo IV *.

CUARTA SERIE DE MantraS

SUIRA: Clarividencia.

SUERA: Clariaudiencia.

SUORA: Intuición, chakra del corazón.

SUURA: Telepatía, plexo solar.

SUARA: Memoria de las vidas pasadas, chakras pulmonares.

Vocalización: Fíjese el estudiante en la acentuación de las vocales que forman la tercera columna, y en la acentuación de la A en cada mantra.

En el sublime SUARA, según los Vedas, está contenido el silencioso Gandharva, músico celeste.

Con estos mantras de la cuarta serie se conduce el fuego del plexo solar a cada uno de los chakras del cuerpo astral.

---

* Ver *KANDIL BANDIL R en el libro* Logos, Mantra, Teúrgia*, o bien ver KANDIL BANDIL R en este libro.*

Insistimos: las primeras sílabas mántricas de esta serie: SUI, SUE, SUO, SUU, SUA, se vocalizan con entonación [...] como si un niño tratara de imitar el zumbido vibratorio de un motor en marcha, o como si se escuchara el zumbido de un mollejón movido por fuerza eléctrica cuando se afila una hoja delgada de acero –sonido agudo, alto, con tendencia a producir modulaciones de flauta–, y la vocal de esta sílaba RA se prolonga largamente.

INSISTENCIA EN ALGUNOS DETALLES

Vocalicen los estudiantes una hora diaria para despertar con efectividad los chakras. Como cada estudiante tiene su propio ritmo, su personal vibración, escogerá cualquiera de las series de mantras. Habrá algunos que sientan más confianza con la primera serie, otros con la segunda, etc.

Decía el doctor Krumm Heller que bastaba vocalizar una hora diaria.

¡Uno debe vocalizar durante toda la vida para tener los chakras en intensa actividad!

El chakra coronario engendra la polividencia. El chakra frontal, situado en el entrecejo, la clarividencia. El chakra laríngeo la clariaudiencia. El chakra del corazón suministra la inspiración y la intuición. El chakra del plexo solar la telepatía. Los chakras pulmonares permiten recordar las vidas pasadas. El chakra prostático proporciona el poder para salir conscientemente en cuerpo astral. Todo estudiante debe poseer tal poder; si no, despierte con apremio este chakra.

–Logos, Mantra, Teúrgia, capítulo 7–

Nuestras doce facultades, o sea, nuestros doce sentidos, son las doce facultades del Zodiaco dentro de nosotros. Debemos hacer resplandecer nuestro Zodiaco por medio de estas prácticas para convertirnos en dioses inefables.

Nuestro cuerpo es todo un arpa musical donde deben resonar incesantemente las siete vocales de la Naturaleza. Así pues, durante Piscis es necesario vocalizar el sonido de las siete vocales, así:

IIIIIII

EEEEEEE

OOOOOOO

UUUUUUU

AAAAAAA

MMMMMMM

SSSSSSS.

Se debe llevar el sonido de cada una de estas siete vocales de la cabeza hasta los pies. Dice el Maestro Huiracocha que «una hora de vocalización diaria vale más que leer un millón de libros de teosofía oriental».

—*Curso Zodiacal*, capítulo 12—

IN

La sílaba IN también sirve para despertar el poder de la clarividencia; esa sílaba se vocaliza así:

IIIIIIIINNNNNNNN.

—*Manual de Magia Práctica*, capítulo 3—

Acostado en su lecho, con todos los músculos de su cuerpo relajados, adormézcase pensando que el Fuego Sagrado del Espíritu Santo sigue bajando desde el cielo y entra en su cabeza por la glándula pineal. Sienta que ese fuego inunda su cerebro y pone en movimiento, de izquierda a derecha, la maravillosa y bicolor flor de loto de su chakra pituitario, el Ojo del Profeta. Véalo lleno de fuego girando sobre sí mismo. En ese estado de Conciencia vocalice la sílaba IN, así:

IIIIIIIINNNNNNNN.

Siéntase que está flotando en un océano de fuego. Este ejercicio debe durar unos treinta minutos y debe hacerse antes de entregarse al sueño, si es posible a una misma hora, acostado en su cama.

Al día siguiente anote en una libreta todo lo que soñó, sin contar a nadie sus impresiones ni comentar este trabajo, que solo es para el estudio secreto de usted mismo. La glándula pituitaria está situada en el entrecejo.

—*Magia Crística Azteca*, capítulo 3—

IN Y EN

En el México antiguo, en el Templo de las Serpientes llamado Quetzalcóatl, se adoraba al Espíritu Santo con túnica y manto de colores blanco, negro y rojo. Echaban entre ascuas de fuego caracoles en polvo; para ello utilizaban caracoles marinos blancos, negros y rojos. El blanco es el Espíritu puro, el negro simboliza la caída del Espíritu en la materia y el rojo es el Fuego del Espíritu Santo, con el cual regresamos a la blancura del Espíritu puro.

Ese incienso subía hasta el cielo. El sacerdote oraba por la vida y florecían las plantas porque el Espíritu Santo es el fuego sexual del universo. El rito se verificaba en el templo de Quetzalcóatl antes de salir el Sol, porque el Espíritu Santo es el Hacedor de Luz. El sacerdote vocalizaba los mantras IN y EN.

Jonás, el Profeta, también verificaba el rito del Espíritu Santo exactamente lo mismo que los aztecas, y usaba para ello las mismas vestiduras y sahumerios. También vocalizaba los mantras IN-EN cuando echaba el sahumerio entre el fuego.

Este rito debe establecerse en todos los santuarios gnósticos. Los caracoles están relacionados con el agua del mar, y el Agua es el habitáculo del Fuego del Espíritu Santo. Así pues, resultan los caracoles marinos el sahumerio perfecto del Espíritu Santo.

La Madre o Espíritu Santo nos da poder y sabiduría. Los símbolos de la Virgen son el yoni, el cáliz y la túnica de ocultación.

—Tarot y Kábala, capítulo 51—

Redúzcanse a polvo caracoles negros, rojos y blancos. Este sahumerio azteca se usa para el culto al fuego. Estos polvos son el sahumerio perfecto para el culto al fuego. Al echar estos polvos entre las ascuas de carbón encendido se pronuncian los mantras IN y EN. Entonces oramos al Espíritu Santo con oraciones salidas de nuestro corazón y nos iluminamos con el Fuego Sagrado. Practicad este culto en vuestras casas y en vuestros santuarios diariamente al salir el sol. Los aztecas practicaban este culto en el templo de Quetzalcóatl, en Teotihuacán, al salir el sol. Jonás, el Profeta bíblico, también practicaba este rito y usaba el mismo sahumerio azteca. Los viejos sacerdotes aztecas practicaban este rito del fuego usando como vestidura sagrada túnica tejida con hilos rojos, negros y blancos y cubriendo su cabeza con mantos semejantes. Los caracoles están en el agua, y esta es, realmente, el habitáculo del Fuego Sagrado. Los caracoles y el fuego se hallan íntimamente relacionados. Tenemos que advertir a los estudiantes que los caracoles del mar solo sirven para este rito.

Este sahumerio debe ser elaborado por hermanas gnósticas, por mujeres únicamente. El polvo de los caracoles se envolverá en hojas vegetales formando paqueticos triangulares.

El Espíritu Santo es el Fuego Sagrado. Debemos asimilar el poder del Fuego en nuestro universo interior.

—Magia Crística Azteca, capítulo 22—

Otras referencias:

—Misterios Mayores, capítulo 48—

IN-EN-ON-UN-AN

En el capítulo anterior dejamos al Fuego Sagrado del Espíritu Santo haciendo girar de izquierda a derecha el loto de fuego de su glándula cardíaca. Ahora vea, sienta que ese fuego baja hacia su plexo solar, situado un poco más arriba del ombligo, y hace girar, de izquierda a derecha, el loto de fuego de esa glándula. Ese loto tiene diez pétalos: cinco de color rojo sucio que alternan con cinco de color verde oscuro. Véalo luminoso, resplandeciente, y vocalice las siguientes sílabas:

IIIIIIINNNNNNN

EEEEEEENNNNNNN

OOOOOOONNNNNNN.

Pida en oración a su Dios interno la realización de sus más nobles anhelos y quédese dormido.

Por las mañanas, antes de salir el sol y cuando este esté saliendo, después de que tome su baño o se asee, párese [póngase de pie] dando frente al Oriente, o imagine que el sol es la rosa de fuego de una enorme cruz dorada que está en el cielo y de la que salen miríadas de rayos de luz que penetran en su cuerpo por el plexo solar; al mismo tiempo vocalice la sílaba UN, así:

UUUUUUUNNNNNNN.

Con estas prácticas pronto despertará en usted el sentido de la telepatía.

[...]

Durante siete días por lo menos, y no menos de treinta minutos cada vez, acostado en su lecho antes de quedarse dormido, sienta que el Fuego Sagrado del Espíritu Santo penetra en su cuerpo por el chakra pineal y que en su descenso pone en movimiento a sus chakras pituitario, laríngeo, cardíaco y solar, y sigue bajando hasta su chakra prostático y lo hace girar de izquierda a derecha, resplandeciendo como bello loto de fuego en movimiento.

Todas las mañanas, después de su aseo matinal, párese –póngase de pie– con la cara hacia el Este [...] y vocalice los mantras INRI y PANDER hasta que se familiarice con ellos. Asimismo, vocalice todas las mañanas temprano una de las sílabas que le hemos dado en capítulos anteriores. Como ejercicio de este capítulo vocalice la sílaba AN, así: AAAAAAANNNNNNN.

–Magia Crística Azteca, capítulos 8-9–

IN: Clarividencia.

EN: Clariaudiencia.

ON: Intuición, chakra del corazón.

UN: Telepatía, plexo solar.

AN: Memoria de las vidas pasadas, chakras pulmonares.

Vocalización: Se prolonga el sonido de cada vocal y se le da con la N una entonación acampanada, sonora y fuerte.

–Logos, Mantra, Teúrgia, capítulo 7–

El médico gnóstico habrá de practicar la meditación interna diariamente. La meditación es una técnica, y por medio de ella y de la Magia sexual y el poder del verbo, logramos el despertar de la Conciencia y la actualización de todos nuestros poderes ocultos. Una hora diaria de vocalización vale más que leer mil libros de teosofía oriental. La vocalización verdadera está íntimamente relacionada con la técnica de la meditación.

La sílaba IN se relaciona con el tattva Tejas –el principio del fuego–.

La sílaba EN se relaciona con la mente cósmica, de la cual nuestro cuerpo mental es tan solo un fragmento.

La sílaba ON se relaciona con Atman-Buddhi, el mundo puramente espiritual, que es la patria del Íntimo.

La sílaba UN se relaciona con la gran matriz universal, el archaeus de los griegos, la luz astral de los cabalistas, la Superalma de Emerson —Alaya—.

La sílaba AN se relaciona con el tattva Vayú —el principio del movimiento—.

La sílaba IN hace vibrar las glándulas hipófisis y epífisis, y se adquiere el sexto sentido llamado clarividencia.

La sílaba EN hace vibrar la glándula tiroides y los átomos del cuerpo mental, y el hombre adquiere el oído oculto y la clarividencia del cuerpo mental.

La sílaba ON hace vibrar nuestra Conciencia mística búddhica o intuicional —Bodha—.

Todos anhelamos la Liberación, todos poseemos el anhelo llamado en Oriente «Buddhagama», encerrado en el Dhammapada, que es legítimamente «Bodhimanda», la base fundamental del saber. Todo Purusha —el Íntimo— desea que su alma siga el Sendero de la Liberación —Dharma—. La doctrina del corazón es «Bodha», la Conciencia crística.

Este vehículo de la Conciencia crística tiene su chakra en el corazón, y al vocalizar internamente la sílaba ON, meditando en su profundo significado, se produce el despertar de la Conciencia mística, y entonces el alma adquiere el poder de funcionar en sus vehículos superiores, independientemente del cuerpo físico.

El despertar de la conciencia —Bodha—se expresa como el Ojo de Dangma, la intuición, que nos permite saber sin necesidad de razonar.

La sílaba ON hace vibrar también las hormonas de los testículos, transmutando el semen en la energía crística. Esto indica a las claras que solo se puede llegar a despertar la Conciencia —Bodha— practicando Magia sexual, vocalizando internamente y adiestrándonos en el astral, pues dentro de nuestro Chrestos se encierra *Bodha**, la Conciencia.

---

* En sánscrito Bodha *define la Conciencia o el conocimiento espiritual.* Bodha *es hijo de* Buddhi *—su madre—, que representa la inteligencia y la comprensión. Y* Zuddhi *personifica la verdad y la pureza.*

El cuerpo astral es el mediador entre el alma y el Íntimo, y nuestra Mónada solo puede liberarse en esta región mediadora del astral. Allí se verifican todas las Iniciaciones.

Bodha, la Conciencia mística, tiene que expresarse a través de nuestro cuerpo astral para realizar a Zuddhi –la verdad–; esto es realmente el Íntimo o Atman dentro de nosotros. Mientras esta Conciencia mística –Bodha– no pueda expresarse en el cuerpo astral, tampoco podrá expresarse a través del cuerpo físico –Stula Sarira–, pues el astral es el mediador entre la Conciencia mística y el cuerpo físico.

Cuando el hombre derrama el semen, pierde millones de átomos solares que luego reemplaza por millones de átomos demoníacos de los infiernos mismos del hombre, y esto produce oscuridad tenebrosa en el cuerpo astral.

Cuando el hombre cumple con la fórmula de introducir el miembro en la vagina y retirarlo sin derramar el semen, entonces los átomos solares se multiplican en forma extraordinaria y regresan al cuerpo astral llenándolo de luz y fuego solar. Solo así puede expresarse Bodha –la Conciencia crística– a través del cuerpo astral, y al fin el Alma y el Íntimo se unen para siempre y viene la Liberación.

Meditando en la sílaba IN y en el gran fuego universal, el hombre se hace clarividente. Meditando en la sílaba EN y en la mente universal, el hombre adquiere la clarividencia mental y el oído mágico. Meditando sobre el Íntimo y en la sílaba ON y practicando Magia sexual diariamente, se produce el despertar de la Conciencia y se adquiere la intuición. Meditando en la sílaba UN y en el plexo solar, se adquiere el poder de la telepatía. Meditando en la sílaba AN y en el nacer y morir de los vegetales y de todas las cosas, adquirimos el poder de recordar nuestras pasadas vidas.

–Tratado de Medicina Oculta y Magia Práctica,
capítulo «La Meditación»–

INRI

FUEGO: Encended un fuego y vocalizad luego el mantra INRI. Este mantra se vocaliza en dos sílabas separadas: IIIIINNN-NN-RRRRRIIIII, pero alargando el sonido de cada letra. Concentraos en el fuego que habéis encendido –vela, veladora o carbones encendidos–. Meditad profundamente en el fuego. Adormeceos meditando en el fuego. Invocad al amigo que escribe esta cátedra y seréis ayudados en esta práctica. Vocalizad la S como un silbo muy fino, como el zumbido del cascabel.

–Curso Esotérico de Kábala, capítulo 4–

Oídme: el mantra INRI es también un mantra terrible y poderoso; en él se encierra la clave de la cristificación. Ese mantra se vocaliza así:

IIIIINNNNNRRRRRIIIII.

Con este mantra podéis vosotros adquirir «los estigmas de la cristificación». Es necesario que vosotros os cristifiquéis; es urgente que vosotros os libertéis del barro de la Tierra; es necesario que nazca en vosotros una verdadera revolución de la Conciencia. Ha llegado el momento en que vosotros os convirtáis en Dioses inefables.

–El Quinto Evangelio, conferencia «Didáctica Mántrica»–

INRI-ENRE-ONRO-UNRU-ANRA

Jesús estudió en el Colegio de Iniciados. Un tenebroso personaje de la sombra hacía la guerra a los Iniciados de Egipto por aquellos tiempos, pero los Iniciados se mantuvieron firmes en la luz.

Un instructor le enseñó a Jesús los grandes Misterios del Sexo. Había dentro de la pirámide una regia cámara nupcial; en esa cámara del templo Jesús practicó Magia sexual con su mujer. Esa mujer sacerdotisa era una mujer blanca, de cabellos rubios y hermosa alma, que era una altísima Iniciada del templo. Jesús fue un hombre y un dios; como hombre fue completo y tenía su mujer.

Durante el trance de Magia sexual Jesús vocalizaba las sílabas sagradas en el siguiente orden:

IIIIINNNNNRRRRRIIIII

EEEEENNNNNRRRRREEEEE

OOOOONNNNNRRRRROOOOO

UUUUUNNNNNRRRRRUUUUU

AAAAANNNNNRRRRRAAAAA.

El Maestro vocalizaba estas sílabas sosteniendo el sonido largamente sobre cada una de las letras de las sílabas IN-RI, EN-RE, ON-RO, UN-RU, AN-RA, alargando el sonido de cada letra.

El mantra INRI despierta el sexto sentido situado en el entrecejo, entonces el hombre puede leer el pensamiento ajeno y ver todas las cosas de los mundos internos.

El mantra ENRE despierta el oído mágico, entonces el hombre puede oír a miles de leguas de distancia y puede escuchar las voces de los mundos internos.

El mantra ONRO tiene el poder de abrir la intuición, situada en el corazón. La intuición es el séptimo sentido y reside en el corazón y en la glándula pineal. Esta es la voz del silencio en el corazón; en la glándula pineal es la polividencia o visión intuitiva. El intuitivo todo lo ve y todo lo sabe, es omnisciente, es poderoso.

El mantra UNRU nos despierta el sentido de la telepatía, y entonces podemos percibir los pensamientos de la gente a distancia. Está situado arriba del ombligo, en el plexo solar.

El mantra ANRA nos despierta los chakras pulmonares, con los cuales recordamos nuestras pasadas reencarnaciones.

Estos sentidos parecen flores de loto en el cuerpo astral. Jesús hizo girar estas flores de loto durante la Magia sexual.

En esos instantes, el hombre y la mujer sexualmente unidos están llenos de electricidad y fuego cósmico; ese es el preciso instante para despertar el Kundalini y hacer girar los chakras, discos o ruedas magnéticas del cuerpo astral.

Con la fuerza sexual podemos despertar todos los poderes del cuerpo astral. Con la fuerza sexual nos convertimos en ángeles.

–Misterios Mayores, capítulo 38–

El divino Salvador del Mundo, cuando practicaba con la sacerdotisa en la pirámide de Kefrén, cantaba con ella el poderoso mantra sagrado del Fuego. Ese es INRI. El Señor de Toda Adoración practicó en Egipto con su Isis. Él combinaba este mantra con las cinco vocales: I-E-O-U-A.

INRI-ENRE-ONRO-UNRU-ANRA.

El primero para la clarividencia; el segundo para el oído mágico; el tercero para el chakra del corazón, centro intuicional; el cuarto para el plexo solar o centro telepático; el quinto para los chakras pulmonares –estos confieren el poder de recordar pasadas reencarnaciones–.

El mantra INRI y sus cuatro derivados aplicables a los chakras se vocalizan dividiéndolos en dos sílabas y, luego, alargando el sonido de cada una de sus cuatro letras mágicas. Con estos mantras llevamos el Fuego Sexual a los chakras durante las prácticas de Magia sexual.

–El Matrimonio Perfecto, capítulo 9–

Otras referencias:

–Logos, Mantra, Teúrgia, capítulo 7–

–Curso Esotérico de Kábala, capítulo 7–

–Tratado Esotérico de Magia Rúnica, capítulo 42–

INRI Y PANDER

En las antiguas Escuelas de Misterios aztecas, después de las pruebas a las que eran sometidos los candidatos, estos podían pasar a trabajar directamente con la Serpiente Emplumada. No queremos decir con esto que usted haya pasado victoriosamente sus pruebas; eso lo veremos más adelante. Mientras tanto vamos a seguir trabajando con la meditación.

La meditación es el pan del sabio. Cuando el sabio medita busca a Dios, busca información o busca poder. Cinco son las claves de la meditación:

1. Postura cómoda.

2. Mente en blanco.

3. Concentración.

4. Introversión.

5. Éxtasis.

Sentado en la postura más cómoda para usted, concéntrese en su cuerpo físico, y después de examinarlo atentamente y comprobar que usted no es ese maravilloso vehículo suyo, deséchelo de su mente diciendo: *«Yo no soy mi cuerpo físico»*.

Concéntrese en su cuerpo etérico, identifíquelo, y después de observar atentamente su bellísima luminosidad que sobresale del cuerpo físico formando un aura multicolor y comprobar que usted no es ese su segundo cuerpo, deséchelo de su mente diciendo: *«Yo no soy mi cuerpo etérico»*.

Adéntrese más en usted mismo y concéntrese primero en su cuerpo astral y después en su cuerpo mental. Estos cuerpos son las dos columnas de los templos masónicos: Jakin y Bohas, cuya base fundamental es la piedra cúbica de Yesod, el cuerpo etérico. Concéntrese bien en estos dos cuerpos, y después de comprobar que usted no es ninguno de ellos y que solo son dos más de sus instrumentos de expresión, deséchelos de su mente diciendo: *«Yo no soy mi cuerpo astral»*. *«Yo no soy mi cuerpo mental»*.

Despójese de sus cuatro cuerpos de pecado al llegar a esta etapa de su meditación y pase por en medio de las dos columnas –blanca y negra– del templo, que es su cuerpo viviente, y en las cuales está escrita con caracteres de fuego la palabra de pase: INRI. Descomponga esta palabra en dos sílabas y vocalícelas una inmediatamente después de la otra, así:

IIIIINNNNNRRRRRIIIII.

A continuación sálgase a vagar por el mundo de la niebla de fuego sin sus cuatro vehículos materiales.

Regrese a su cuerpo para seguir trabajando. Concéntrese nuevamente en la columna negra de su templo viviente, su cuerpo astral; trate de escuchar el agudo canto del grillo del que hablamos en el capítulo 4 –agudo canto que es la esencia de la palabra perdida, INRI–, y sin dejar de escuchar ese agudo canto que ahora sale de entre las celdillas de su cerebro, concéntrese en la columna blanca, su cuerpo mental.

No se detenga, siga meditando. Concéntrese en su cuerpo de voluntad hasta que tenga conciencia del mismo, y cuando haya comprobado que usted no es ese otro de sus cuerpos, deséchelo de su mente diciendo: «*Yo no soy mi cuerpo de voluntad*».

Dé un paso más en su meditación. Concéntrese en su cuerpo de Conciencia, identifíquelo y compruebe que usted no es él, que se trata de otro de sus maravillosos vehículos de expresión, y deséchelo diciendo: «*Yo no soy mi cuerpo de Conciencia*».

Entonces preguntará usted: «*¿Quién soy yo?*». Una voz muy queda y dulce le contestará: «*Tú eres yo, el Íntimo, el reflejo del Yo-Cristo; tú y yo somos uno*». En ese momento trate de identificarse con su Cristo interno, siéntase ser Él; dígase: «*Yo soy Él... Yo soy Él... Yo soy Él*»...

Al alcanzar ese estado de Conciencia pronuncie mentalmente el mantra PANDER. Descomponga este mantra en dos sílabas y pronúncielas una inmediatamente después de la otra alargando el sonido. Este mantra le ayudará a identificarse con su Cristo interno.

Con la introversión diaria logrará despertar su Conciencia a tal grado que durante el sueño actuará en cuerpo astral con la misma naturalidad y lucidez que en cuerpo físico. Y cuando, por su sinceridad y devoción, en su Éxtasis se le permita visitar los núcleos sobre los cuales se fundamenta el Universo –que alegóricamente hablando parecen agujeros–, podrá contemplar la Divina Majestad del Absoluto.

La meditación interna acelera el despertar de la Serpiente Emplumada, cuya ascensión libera al Iniciado de la Rueda de nacimientos, pero hay que ayudar a su ascensión meditando primero en Idá y después en Pingalá, corrientes de fuego –negativa a la izquierda y positiva a la derecha– que suben a los lados de la médula espinal hasta el chakra pituitario, y que preceden, en su ascensión, a la del Fuego Sagrado de Quetzalcóatl.

Para dar oportunidad al etérico, que durante el sueño se dedica a reparar el desgaste del cuerpo físico, todos salimos en cuerpo astral; pero usted debe salir en cuerpo astral a voluntad, conscientemente y cuantas veces lo desee. En el plano astral lo someteremos a pruebas para conocer sus cualidades y defectos; mas si a pesar de los ejercicios que le hemos dado no ha logrado salir en cuerpo astral a voluntad, le recomendamos que practique tenazmente la meditación interna. Así recobrará el poder natural de manejar su cuerpo astral, poder que por ahora ha perdido.

PRÁCTICA

Durante siete días por lo menos y no menos de treinta minutos cada vez, acostado en su lecho, antes de quedarse dormido, sienta que el Fuego Sagrado del Espíritu Santo penetra en su cuerpo por el chakra pineal y que, en su descenso, pone en movimiento sus chakras pituitario, laríngeo, cardíaco y solar, y sigue bajando hasta su chakra prostático y lo hace girar, de izquierda a derecha, resplandeciendo como bello loto de fuego en movimiento.

Todas las mañanas, después de su aseo matinal, párese con la cara hacia el Este como se lo hemos recomendado en el capítulo anterior y vocalice los mantras INRI y PANDER hasta que se familiarice con ellos; así mismo vocalice todas las mañanas, temprano, una de las sílabas que le hemos dado en capítulos anteriores. Como ejercicio de este capítulo vocalice la sílaba AN, así:

AAAAAAANNNNNNN.

—Magia Crística Azteca, capítulo 9—

Primero concentraremos nuestra mente en el cuerpo físico, y después de meditar profundamente en lo que es este maravilloso vehículo, lo desecharemos entonces de nuestra mente diciendo: «Yo no soy el cuerpo físico».

Luego concentraremos el pensamiento sobre nuestro cuerpo etérico, y lo desecharemos diciendo: «Yo no soy el cuerpo etérico».

Meditemos ahora profundamente en los cuerpos astral y mental.

Estos dos cuerpos son las dos columnas del templo que se sostienen sobre la piedra cúbica de Yesod. Esa piedra cúbica es el cuerpo etérico. El discípulo debe pasar internamente por entre estas dos columnas del templo.

Estas dos columnas son blanca y negra —Jakin y Bohas—.

En estas columnas está escrita con caracteres de fuego la palabra INRI.

Esta palabra de pase nos permitirá pasar por entre las dos columnas del templo para funcionar en el mundo de la niebla de fuego sin vehículos materiales de ninguna especie.

El discípulo meditará profundamente en estas dos columnas, que son los cuerpos astral y mental... Se adormecerá profundamente... Vocalizará mentalmente el mantra INRI alargando el sonido de cada letra, imitando el agudo sonido de los grillos del bosque, hasta lograr dar a todas estas cuatro letras un sonido agudo, un sonido sintético, un sonido único, una S alargada: SSSSSS.

Hay que identificarse con ese sonido sibilante, muy agudo, semejante a la nota más elevada que pueda dar una fina flauta.

En la Roma augusta de los Césares, el grillo era un animal sagrado, y se vendía en jaulas de oro a precios costosísimos.

Si nosotros pudiéramos tener ese animalito cerca de nuestros oídos, meditando profundamente en su sonido, entonces la aguda nota de ese animalito despertaría en nuestro cerebelo ese mismo sonido.

Entonces podríamos levantarnos de nuestro lecho en nuestro cuerpo astral y dirigirnos a la Iglesia Gnóstica con plena Conciencia.

Esa es la sutil voz mencionada por Apolonio de Tiana. Ese es el silbo dulce y apacible que Elías escuchó en la cueva.

Leamos algunos versículos de la Biblia:

«Y él le dijo: Sal fuera, y ponte en el monte delante de Jehová.

Y he aquí Jehová que pasaba, y un grande y poderoso viento que rompía los montes, y quebraba las peñas delante de Jehová; mas Jehová no estaba en el viento. Y tras el viento un terremoto: mas Jehová no estaba en el terremoto.

Y tras el terremoto un fuego: mas Jehová no estaba en el fuego. Y tras el fuego un silbo apacible y delicado.

Y cuando lo oyó Elías, cubrió su rostro con su manto, y salió, y parose a la puerta de la cueva. Y he aquí llegó una voz a él, diciendo: ¿Qué haces aquí Elías?» –1ª Reyes 19: 11-13–.

El discípulo, adormecido, meditará profundamente en la columna negra –el cuerpo astral–, y tratará de escuchar el silbo dulce y apacible, diciendo: «Yo no soy el cuerpo astral».

El discípulo meditará luego en la columna blanca –el cuerpo mental–, y tratará de escuchar el sonido dulce y apacible, la sutil voz, la esencia del INRI, la S sibilante, el agudo sonido de los grillos del monte, y haciendo esfuerzo por dormirse profundamente, desechará el discípulo al cuerpo mental, diciendo: «Yo no soy el cuerpo mental».

Concentrará ahora el discípulo toda su mente en la voluntad, y luego desechará el cuerpo de la voluntad, diciendo: «Yo tampoco soy la voluntad».

Concentre ahora el discípulo su mente en la Conciencia, en el Buddhi —cuerpo de la Conciencia—, y despójese ahora de este maravilloso vehículo, diciendo: «Yo tampoco soy la Conciencia».

Ahora el discípulo concéntrese en su Íntimo, adormézcase profundamente, asuma una actitud totalmente infantil, y diga: «Yo soy el Íntimo, yo soy el íntimo, yo soy el Íntimo».

Adormézcase más aún el discípulo, y diga: «El Íntimo es tan solo el Hijo del Cristo».

Medite profundamente el estudiante en el Cristo.

Trate ahora el estudiante de absorberse en el Cristo. Trate el estudiante de absorberse en Él, en Él, en Él.

Diga el estudiante: «Yo soy Él, yo soy Él, yo soy Él».

El mantra PANDER nos permitirá identificarnos con el Cristo para actuar como Cristos en el Universo del Pleroma.

Adormézcase profundamente el estudiante. El sueño es el puente que nos permite pasar desde la meditación al Samadhi.

—Los Misterios del Fuego, capítulo 13—

INVIA

Existe una almendra muy común llamada vulgarmente ojo de venado. Esa almendra tiene maravillosos poderes Jinas. El devoto debe adormecerse teniendo en su mano esa almendra. Colóquese el devoto en la misma postura de la clave anterior, pero conservando en su mano derecha la maravillosa almendra. Es urgente recordar que esa almendra tiene un genio elemental maravilloso que puede ayudar al devoto a poner su cuerpo en estado de Jinas.

Durante esta práctica debe el devoto adormecerse pronunciando el mantra INVIA. Entonces concurrirá un genio elemental que le ayudará a poner el cuerpo en estado de Jinas.

El devoto debe levantarse de su cama conservando el sueño como oro puro. Antes de salir de casa, el devoto debe dar un saltito con la intención de flotar en el ambiente. Si el devoto flota puede salir de su casa en estado de Jinas. Si no flotara repita el experimento horas, o meses, o años, hasta lograr la victoria.

Nota. Postura: Acuéstese el devoto del lado izquierdo. Apoye la cabeza sobre la palma de la mano izquierda. Adormézcase el devoto, vigile su propio sueño, conviértase en un vigilante de su propio sueño.

—*El Libro Amarillo*, capítulo 9—

El Logos se expresa como verbo, como sonido. Existe un Lenguaje de Oro que el hombre debería parlar.

Antes de que el hombre saliera exiliado de los paraísos Jinas, solo se parlaba el Verbo de Oro, el gran idioma universal; esa era la gramática perfecta.

Los Grandes Hierofantes egipcios, cuando querían visitar el Jardín de las Delicias, se sumergían en meditación profunda, teniendo en su mano derecha una almendra conocida como Ojo de Venado.

Mantra INVIA

Este mantra resulta ser una verdadera invocación. A su influencia, el Elemental de dicha almendra acude irresistiblemente. Este Elemental tiene el poder de poner el cuerpo en estado de Jinas, o sea, de sumergirlo dentro de la cuarta vertical.

Cuando el Hierofante sentía que su cuerpo comenzaba a inflarse o a hincharse de los pies hacia arriba, entonces comprendía que su cuerpo había adquirido el estado de Jinas. Se levantaba de su lecho lleno de fe y se sumergía en el Jardín de las Delicias, transportándose a cualquier lugar de la Tierra por dentro de la cuarta dimensión, con el Elemental de la almendra Ojo de Venado.

—*Misterios Mayas*, capítulo 8—

Otras referencias:

—*Logos, Mantra, Teúrgia*, capítulo 13—

IO

El círculo con un punto en el centro son los misterios del lingam-yoni; el círculo es el Absoluto, el Eterno Principio Femenino, es el yoni, donde nacen todos los universos. El punto es el lingam, el Eterno Principio Masculino. El círculo con un punto es el Macrocosmos, son los misterios del lingam-yoni, con los cuales pueden ser creados los universos.

El círculo es receptivo, el punto es proyectivo. Si el punto se prolonga, se alarga, se vuelve una línea, divide al círculo en dos. Estando el punto en movimiento, entonces tenemos el lingam-yoni, los dos sexos masculino y femenino.

Sacando la línea que está dentro del círculo, tenemos el número 10 y también el mantra de la Madre Divina.

–Tarot y Kábala, capítulo 10–

Urano, como primer rey divino de la primitiva Atlántida, es el regente de nuestras glándulas sexuales.

Urano, el Asura-Maya, es realmente el primer revelador de los Misterios de la Vida y de la Muerte. Es ciertamente ur-anas, el fuego y el agua primigenios, quien determina intrínsecamente el primer culto luni-solar de la andrógina IO... –IIIIIIIOOOOOOO–.

IO-Pitar es el Sol. Menes o Mani es la Luna.

–Las Tres Montañas, capítulo 37–

ISIS

En posición de pies firmes, levantemos los brazos para formar una línea recta con todo el cuerpo, y después de orar y pedir ayuda a la Madre Divina, cantemos el mantra ISIS así: IIIIISSSSSIIIIISSSSS. Alargando el sonido de las dos letras y dividiendo la palabra en dos sílabas: IS-IS.

Después, acuéstese el estudiante con el cuerpo relajado y lleno de éxtasis; concéntrese, medite en la Madre Divina.

—Tratado Esotérico de Magia Rúnica, capítulo 7—

Bien sabemos nosotros que en el chakra entre las dos cejas, en la región del entrecejo, hay una glándula muy importante. Quiero referirme esta vez a la glándula pituitaria. Ella secreta siete clases de hormonas. En la medicina se usa la «pituitrina» en la cuestión de obstetricia para acelerar los partos o ayudar a los partos. Esa glándula pituitaria, incuestionablemente, está gobernada por Venus y Venus se halla asociado con el cobre.

Así pues que en esa glándula hallamos nosotros, desde el punto de vista psíquico, un chakra o centro magnético. Este chakra tiene dos pétalos y noventa y seis radiaciones. Cuando gira este chakra, se adquiere la clarividencia.

[...]

Es fácil desarrollarlo. Sencillamente, uno coloca un vaso ahí, se sienta cómodamente. En el fondo del vaso pone uno un espejito y pone también algunas gotas en el agua de azogue o mercurio –bien sabemos, en ciencia oculta, el valor del mercurio–. Ponen algunas gotas entre esa agua para que se cargue con el mercurio.

Después, sentado uno cómodamente, a cierta distancia, se concentra uno en forma tal que la mirada atraviese el cristal, que caiga exactamente en el centro del vaso, en el centro exacto de la circunferencia.

Hay un mantra que hay que pronunciar. Es el mantra de los Misterios Isíacos, que se pronuncia ISIS, se reparte en dos sílabas: IIIIISSSSS-IIIIISSSSS.

Así se pronuncia el mantra ISIS. La S es como un silbo dulce y apacible. Al hacerla, al entonarla como es debido, es claro que hace vibrar el chakra frontal de izquierda a derecha. Así pues, diez minutos diarios... Ahora, si alguien pudiera practicar ese ejercicio durante 30 minutos diarios, el avance sería más rápido.

Lo interesante de este ejercicio es que se pueda practicar durante tres años seguidos, sin dejar un solo día de practicarlo. Se puede practicar, ya sea de día, de noche, a la hora que se quiera, pero practicarlo; y si uno va de viaje, pues tendrá que practicarlo donde llegue: en el hotel, donde fuera, pero no dejar pasar el día sin el ejercicio. Si alguien en la vida tuviera esa tenacidad para no fallar ni un solo día, ese alguien adquiriría la clarividencia.

Por ahí, a los 15 días o a los 20, comienza uno a ver en el agua colores de la luz astral. Por ahí, a los tres o cuatro meses o seis meses todo depende del desarrollo psíquico de cada cual, si pasa un carro por la calle, uno ve una cinta de luz y también ve el carro moviéndose sobre esa cinta de luz. Esa cinta de luz es la calle y el carro se ve claramente moviéndose en esa cinta.

Después de cierto tiempo, poco más o menos un año, ya no será necesario para ver exclusivamente el vaso con agua. Sin embargo, practicará su ejercicio. Después de unos tres años, ya no necesitará el vaso para nada: podrá ver directamente en la luz astral; le bastará querer ver y verá. Ya tendrá entonces la clarividencia.

Obviamente, cuando se llega a ese grado, ya se ve el aura de las personas con una naturalidad sorprendente. El azul, por ejemplo, indica espiritualidad. Un aura verde, bien verde, indica desconfianza o celos. El verde brillante, escepticismo; el gris plomizo, egoísmo; un gris moreno, pero no plomizo, tristeza, melancolía; el rojo centelleante, ira; el rojo color de sangre, muy sucio, lujuria; el negro, odio; el amarillo, inteligencia; el anaranjado, orgullo; el violeta, mística trascendental elevada, etc.

Así pues que llega el día en que uno ve el aura de las gentes; pero tiene que estar siempre usando ese órgano para que funcione, porque «órgano que no se usa, se atrofia». ¿Y cómo se usa? Hay que cerrar los ojos y tratar de ver con el chakra frontal, romper las tinieblas por decirlo así para ver la luz astral, o para ver las auras de las gentes.

En principio, el aprendiz de clarividente resulta muy entrometido en las vidas ajenas, y esa mala costumbre hay que dejarla. Tiene la tendencia a ver el aura de fulano para ver si es cierto que esta con fulana, o a ver el aura de fulana para ver si está jugando sucio con zutano.

Eso es gravísimo, porque así no se desarrollan las facultades. No. Para que se desarrollen los poderes se necesita aprender a respetar a los demás, no meterse uno en la vida privada de las gentes. Aunque a simple vista vea el aura de las personas, debe saber disimular, es decir, saberlo callar; ver la cosa y guardar silencio. Si así procede uno, se le desarrolla armoniosamente el chakra ese espléndido de la clarividencia.

La meditación también desarrollará ese chakra: acostarse uno en su cama, tranquilo, con la cabeza hacia el Norte; relajar bien su cuerpo, que ningún músculo quede en tensión. Elegirá imaginarse una tierra fértil, lista para ser sembrada; imaginarse que está depositando la semilla de un rosal en esa tierra; imaginarse que esa semilla está germinando, que va creciendo, que va desarrollándose, que va echando espinas y hojas hasta que un día aparece la flor, la rosa, símbolo viviente del Logos solar. Luego, irá un poco más allá: imaginarse después cómo hasta los pétalos de la rosa van cayendo, cómo las mismas hojas se van marchitando, cómo la misma planta va envejeciéndose hasta convertirse en un montón de leños.

¡Eso es grandioso! Ese tipo de meditación basada en el nacer y en el morir de todas las cosas desarrollará la clarividencia; la desarrollará, ayudará, coadyuvará en el desarrollo de ese sexto sentido maravilloso.

Ese paso es fundamental. Mucho más tarde viene otro paso que es aún más trascendental. No olviden ustedes que imaginación, inspiración e intuición son los tres caminos obligatorios de la Iniciación.

Una vez que uno sea capaz de ver la luz astral, una vez que sea capaz de ver el aura de las gentes, una vez que sea capaz de ver a los elementales de las plantas, tendrá que pasar al siguiente estado que se llama «inspiración».

Continuando con el ejercicio sobre el nacer y el morir de todas las cosas, podemos también alcanzar el peldaño de la inspiración. Si imaginamos que hemos sembrado la semilla y que el rosal va creciendo poco a poco, que va echando espinas, hojas, y que al fin echa rosas, podemos también pensar en el morir de aquel rosal hasta convertirse en un montón de leños, y luego sentirnos inspirados. Ha desaparecido el rosal, pero debemos sentir en nuestro corazón la inspiración; esa inspiración que deja el proceso del nacer y del morir en todos los corazones; esa inspiración que nace de la comprensión. Uno llega a saber que todo lo que nace, muere. Deviene un «algo» allá, que se llama inspiración.

Hay que procurar entrar en un estado de amor; de amor hacia todo lo creado, de amor hacia lo divinal para que surja en uno la inspiración. Llegará el día en que uno podrá no solamente ver, sino al mismo tiempo sentir inspiración.

Por medio de la inspiración llega uno más hondo todavía, porque no solamente puede ver un árbol lejano o el elemental de un árbol, sino que a través de la inspiración llega uno a sentir con ese elemental, llega uno a sentir la vida de esa criatura en el corazón.

Imaginación, inspiración e intuición. El tercer peldaño es la intuición. Cuando uno es capaz de imaginar algo, cuando es capaz de sentirse inspirado y de llegar hasta a derramar lágrimas al contemplar ese algo, entonces siente ya también algo más profundo, más hondo: «la voz del silencio» del que hablara Helena Petronila Blavatsky, la intuición... La intuición es maravillosa.

Por medio de la imaginación puede uno ver el mundo astral. A través de la inspiración puede llegar uno al mundo mental, pero la intuición lo lleva a uno mucho más lejos. La intuición lo lleva a uno al mundo del Espíritu Puro. Entonces puede uno contemplar allá el espectáculo de la naturaleza, del universo, y ver a la naturaleza, al universo tal como son. Moverse en el mundo del Espíritu Puro, platicar uno con los Devas, con los Elohim o Prajapatis, con esa Hueste Creadora del Demiurgo; poder hablar directamente con ellos para recibir de ellos la enseñanza, la sapiencia. Esto es intuición.

No olviden, pues, que la imaginación, la inspiración y la intuición son los tres caminos obligatorios de la Iniciación.

En principio es rudo el trabajo. Conviene empezar con el ejercicio con el vaso de agua, cerrar los ojos para tratar de romper las tinieblas y ver el mundo astral no olvidar el mantra ISIS. Practicar la meditación, imaginando lo que quiera imaginar. Ese es el primer paso: imaginación.

–El Quinto Evangelio,
conferencia «Los Tres peldaños del Conocimiento Iniciático»–

El Dios Murciélago tiene poder para curar cualquier enfermedad, pero también poder para cortar el cordón plateado de la vida que une el cuerpo al alma. Los Maestros nahuas lo invocaban para pedirle curación para sus discípulos o para sus amigos profanos. A la invocación asistían solamente Iniciados, que en el interior del templo formaban cadena alternando en ella hombres y mujeres sin tocarse las manos ni el cuerpo. Los extremos de la cadena comenzaban a ambos lados del altar, y todos permanecían sentados en cuclillas con la espalda contra la pared. En el altar, flores recién cortadas, y a sus lados, sobre dos pequeñas columnas talladas en basalto, sendos braseros de barro pintados de rojo, símbolo de la vida y de la muerte. En los braseros ardían leños de ciprés (símbolo de inmortalidad) cuyo aroma se mezclaba con el del sahumerio de *copalli*, resinas olorosas y blancos caracoles marinos molidos. El Maestro vestía la librea del dios del Aire y *maxtlatl* alrededor de la cintura. De frente, levantando las manos con las palmas extendidas, vocalizaba tres veces el mantra **ISIS**, dividiéndolo en dos largas sílabas, así:

IIIIISSSSS-IIIIISSSSS.

Después, con un cuchillo de obsidiana con empuñadura de jade y oro bendecía a los concurrentes y en silencio hacía la invocación ritual:

«Señor de la vida y de la muerte, te invoco para que bajes a sanar todas nuestras dolencias».

Silencio imponente solo interrumpido por el crepitar del sahumerio; de súbito, un batir de alas y un aroma de rosas, de nardos, se extendía por todo el templo. De los braseros salía una flama que se alargaba como queriendo alcanzar el cielo, y el Maestro y los asistentes se postraban hasta poner en tierra sus frentes.

—Magia Crística Azteca, capítulo 16–

El mantra **ISIS** es también un mantra grandioso para despertar la clarividencia; ese mantra se vocaliza así:

IIIIISSSSS-IIIIISSSSS.

Una hora diaria de vocalización es mejor que leer un millón de libros de teosofismo, espiritismo, etc.

La clarividencia es la misma imaginación.

Para el sabio imaginar es ver.

—Manual de Magia Práctica, capítulo 3–

Los aztecas formaban una cadena en forma de herradura para invocarlo; los eslabones de esa cadena estaban sueltos —nadie se tocaba las manos ni el cuerpo–, y se abrían por los lados del altar. Los asistentes al rito permanecían llenos de respeto en cuclillas, acurrucados.

El mantra **ISIS** era vocalizado por todos, en dos sílabas y alargando el sonido de cada letra, así: **IIIIISSSSS-IIIIISSSSS,** sosteniendo el sonido de cada letra lo más posible.

La **S** suena como un grillo —chapulín– o como los cascabeles de la serpiente —tan sagrada entre los aztecas–. Esa es la sutil voz con la que pueden hacerse maravillas y prodigios. El mantra era vocalizado muchas veces seguidas.

El sacerdote echaba en un braserillo un sahumerio de caracoles marinos reducidos a polvo blanco; los caracoles y el Fuego Sagrado se hallan asociados internamente.

—Misterios Mayores, capítulo 53–

Sentaos en cuclillas, al modo de las huacas peruanas; poned vuestras manos sobre las piernas, con los dedos índice señalando hacia arriba, hacia el cielo, para atraer los rayos de Júpiter, tal como nos enseña Huiracocha, a fin de magnetizar las femorales intensamente.

El mantra es **ISIS**, que se pronuncia vocalizando así:

IIIIISSSSS-IIIIISSSSS.

Pronunciando con la **S** un sonido sibilante como el del aire. Con esta clave despertaréis totalmente la clarividencia y ganaréis el poder de leer los Archivos Akáshicos de la Naturaleza.

Hay que meditar intensamente ahora en el Íntimo, rogándole que nos traiga al Ángel Zachariel para que nos ayude.

—*Curso Zodiacal*, capítulo 9—

Otras referencias:

—*El Quinto Evangelio*, conferencia
«En el principio era el Verbo»—

JAH

Cantad a vuestro Dios interior profundo, cantad salmos a su nombre, exaltad al que cabalga sobre todos los niveles superiores del Ser.

JAH es su nombre; JAH es el mantra mediante el cual se invoca al Anciano de los Días; cada uno de nos tiene su propio Anciano. Él es la parte superior del Ser.

–Pistis Sophia develada, capítulo 33–

JAKIN Y BOHAS

Ahora, para terminar este preámbulo de nuestra presente lección, os diré que en el pórtico de todo templo sideral existen dos columnas: una blanca y otra negra. La columna de la derecha se llama **JAKIN** y la columna de la izquierda se llama **BOHAS**.

También debéis saber, buen discípulo, que junto a cada columna hay un guardián. El guardián de la columna derecha tiene la Vara de la Justicia entre sus manos, y el de la izquierda tiene un Libro entre sus manos.

JAKIN y **BOHAS** son las dos «palabras de pase» que os permitirán entrar en el Templo Corazón de cada Estrella, para manipular rayos y provocar acontecimientos en el mundo físico.

–*Curso Zodiacal*, capítulo 1–

JAORI

Mantra EN LA MAGIA SEXUAL

Ahora ya no podemos negar a la humanidad la llave de los poderes que divinizan. Con gusto vamos a entregar a nuestros discípulos esa clave milagrosa.

Pues bien, durante el trance de Magia sexual vocalícese este mantra: JAORI.

Se prolonga el sonido de cada vocal y se ordena al ave maravillosa del fuego que abra, que desarrolle el chakra que se necesite, que comience el desarrollo total de la facultad que más se esté precisando. Estad seguros de que el Ave de Minerva trabajará sobre el chakra, disco o rueda magnética sobre la cual reciba órdenes supremas.

Es evidente y positivo que esas facultades no se desarrollan instantáneamente. ¡Pero el Ave de Minerva las despertará! Y si se continúa con la práctica diariamente, esa ave, ese sagrado quetzal desarrollará la facultad ordenada y ambicionada en forma absoluta. Lo importante es perseverar, no cansarse, practicar diariamente con intensidad fervorosa.

PROYECCIÓN DEL FUEGO A LOS CHAKRAS

El ave milagrosa del fuego proporciona la clave para proyectar el Fuego del Kundalini a distancia y ayudar así a los enfermos, o lanzarlo a cualquier chakra del cuerpo astral del estudiante esotérico. Algunos estudiantes proyectarán su fuego hasta el chakra prostático, con el fin de adquirir poderes para poder salir conscientemente en cuerpo astral. Otros lo harán hacia el chakra frontal, al efecto de despertar la clarividencia. Otros lo harán hacia el chakra de la laringe, que les conferirá el poder de oír en el ultra. Este chakra facilita al yogui conservar su cuerpo físico vivo y perfectamente sano aun durante las Noches Cósmicas. Otros proyectarán el Ave de Minerva al plexo solar, el cual capacita a permanecer horas enteras en el fuego sin quemarse. Algunos estudiantes enviarán el ave maravillosa al chakra del corazón, que conferirá poder sobre el huracán, los vientos etc. También se puede remitir el Ave de Minerva al chakra de los mil pétalos, situado en la parte superior del cráneo; tal chakra proporciona la intuición, la polividencia, la visión intuitiva, el poder de salir del cuerpo físico conscientemente en el Espíritu, en el Íntimo, sin vehículos de ninguna especie.

También se puede lanzar el Ave de Minerva sobre los átomos del cuerpo físico, y ordenarle preparar el cuerpo para los estados de Jinas.

¡Todos tenemos que aprender a proyectar el fuego a cualquier rincón del universo y a cualquier chakra del organismo! ¡Así todos despertarán sus poderes internos! No basta encender el fuego, hay que aprender a manejarlo inteligentemente para trabajar en la Gran Obra.

RESTAURACIÓN, TRANSFORMACIÓN E INVISIBILIDAD

[...]

Si se ordena al Ave de Fuego que transforme el rostro del invocador, o que le dé la apariencia de un ave, o de un árbol, ante la vista de los enemigos, el Ave operará la transformación y nadie reconocerá al estudiante.

–Logos, Mantra, Teúrgia, capítulo 6–

Otras referencias:

–Curso Esotérico de Kábala, capítulo 11–

JEHOVÁ ELOHIM METRATÓN ADONAI

El Espejo de la Alta Magia se prepara esotéricamente en cuarenta y ocho días, empezando en luna nueva y concluyendo el trabajo en el plenilunio de la siguiente.

Con permiso del Padre que está en secreto se consigue el éxito. En realidad de verdad, el Padre de todas las luces es quien manda, y si nosotros queremos trabajar rectamente y con verdadera dignidad en Magia Blanca, debemos empezar cualquier trabajo esotérico rogando al Padre, pidiendo permiso al Padre que está en secreto; así no caeremos en errores.

En el espejo mágico se pueden ver todas aquellas cosas que nos interesan si el Padre da permiso; así, él ayuda si él quiere.

Si se quiere preparar bien el espejo mágico, durante el tiempo de preparación se debe vivir en santidad y castidad total. Es necesario dedicarse durante todo ese tiempo a hacer obras de caridad.

Tómese una lámina muy brillante de acero muy bien pulimentada y escríbase encima de los cuatro extremos, en cada uno de estos, las mágicas palabras siguientes: JEHOVÁ ELOHIM METRA-TON ADONAI.

En cada extremo se escribirá una sola palabra. Las cuatro palabras serán distribuidas en los cuatro extremos. Póngase muy devotamente la lámina de acero en un lienzo blanco y muy hermoso, y luego presentaréis así la lámina resplandeciente ante los rayos de la luna diciendo la siguiente oración:

«¡Oh, Padre mío!, ¡Oh Isis!, ¡Madre Divina!, ¡Madre Saidica!, ¡Tetragrámmaton, Tetragrámmaton, Tetragrámmaton!, prepárame este espejo, concédeme el poder de mirar en él y haz que se digne el resplandeciente Ángel Azrael a aparecerse en este espejo.

¡Azrael, Azrael, Azrael!, te adoro y te invoco, venid en nombre del Tetragrámmaton. Amén, Amén, Amén».

Hecha esta invocación mágica, se quemarán ramas de laurel para impregnar con el humo de estas al espejo mágico.

Posteriormente, se perfumará el espejo con rosas y violetas que se echarán sobre el espejo mágico.

Por último y para concluir el trabajo, se recitará con mucha fe la siguiente invocación:

«En este, por este y con este espejo del Tetragrámmaton, y por el Tetragrámmaton y en el Tetragrámmaton, imploro la ayuda misteriosa del Ángel Azrael».

Terminada la invocación, se sahumará el espejo con incienso y mirra. Enseguida se soplará sobre el espejo tres veces. Luego, con intensiva fe, se recitarán estas palabras:

«No me abandones, ¡Azrael!, sé que soy un miserable gusano del lodo del mundo; sé que soy un pobre pecador; sé que ando por el camino del Mal... Todo eso lo sé, pero te amo, ¡Azrael!, te pido que me auxilies, ¡Azrael!, te imploro ayuda, ¡Azrael! Venid a mí en el nombre mágico y esotérico de Falma, por Falma, en Falma. Ven Azrael a este espejo, ¡ven, ven, ven!».

Por último, se pondrá la mano derecha sobre el espejo suplicando al Padre que envíe a Azrael. Esto se hará durante cuarenta y ocho noches hasta que el Ángel Azrael aparezca en el espejo. El Ángel Azrael aparecerá en la forma de un hermoso niño.

Cuando el Ángel aparezca, se le rogará nos asista siempre en el trabajo con el espejo.

INDICACIONES SOBRE EL ESPEJO MÁGICO

Cuando el Ángel Azrael apareciere en el espejo, será señal de que este ya está preparado. Si a pesar de todo el Ángel no apareciere, resignaos, no podréis trabajar con el espejo.

El Ángel Azrael no aparecerá si fuésemos indignos. «Para los indignos todas las puertas están cerradas, menos una, la del arrepentimiento». Quien logre el triunfo con el Ángel Azrael solo debe trabajar en secreto, sin decir nada a nadie; el espejo sagrado y bendecido por el Ángel Azrael debe permanecer en secreto.

Quienes divulguen sus trabajos con el espejo mágico, quienes utilicen el espejo mágico para espiar vidas ajenas, perderán la gracia concedida por el Ángel Azrael. El espejo solo debe utilizarse para consultar sobre cosas sagradas. Cada vez que se trabaje con Azrael, debe invocarse al Ángel con mucho respeto y fe.

Es el Ángel Azrael una criatura perfecta. El Ángel Azrael es quien tiene el poder de hacernos ver en el espejo las anheladas respuestas, por ello se debe siempre pedir el auxilio del Ángel Azrael durante los trabajos con el espejo.

–Tratado de Medicina Oculta y Magia Práctica,
capítulo «Magia Ceremonial»–

JEÚ

JEÚ, el nombre profundamente sagrado, se relaciona con la luz y la clarividencia.

Escrito está que Jesús, el Gran Kabir, entonó un dulce cántico en loor del Gran Nombre.

Escrito está que pronunció el nombre profundamente sagrado, JEÚ, y les sopló en los ojos, diciendo: «Ya sois clarividentes».

Incuestionablemente, JEÚ es palabra mántrica o clave mágica relacionada con la clarividencia.

Esta palabra, JEÚ, figura en la Misa Gnóstica.

–Pistis Sophia develada, capítulo 25–

JEUSE VAUSE

La clariaudiencia es el oído oculto y se desarrolla con los siguientes mantras:

JEUSE: JEUUUUUSSSSSEEEEE

VAUSE: VAUUUUUSSSSSEEEEE.

Como se nota, la voz debe prolongarse en las letras arriba repetidas.

Sumergido en profunda meditación, el estudiante vocalizará tratando de adormecerse.

Cuando haya conseguido adormecerse, se esforzará en escuchar la voz de los amigos suyos que se encuentran distantes: así se despierta el oído interno.

—Logos, Mantra, Teúrgia, capítulo 9–

KA

Entremos ahora, ¡oh, Arhat!, para oficiar en el templo con la calabacera.

Revístete con tu túnica y manto blanco y acércate ante el altar, ¡oh, Arhat!

Con los poderes del elemental de la calabacera podemos trabajar con las multitudes.

El elemental de la calabacera tiene poderes terribles sobre las multitudes.

Por medio de la magia elemental de la calabacera Jonás hizo arrepentirse a Nínive de sus pecados.

El elemental de la calabacera tiene sobre su glándula pineal una corona minúscula que le da un poder terrible sobre las masas humanas.

Aprende, ¡oh, Arhat!, a luchar contra las abominaciones de los hombres por medio de la calabacera. Así ayudarás a las multitudes humanas, y al ayudar a los hombres te ayudas a ti mismo; tú lo sabes.

Acuérdate que el elemental de la calabacera es de túnica rosada, como el amor desinteresado. Parece una bella niña vestida con esta túnica de amor.

Jonás estuvo tres días en el vientre de un pez, y al tercer día fue vomitado por el pez en las playas de Nínive.

Y Jonás se sentó debajo de una calabacera, y se arrepintieron los habitantes de Nínive y rasgaron sus vestiduras y ayunaron, y llevaron saco y cilicio sobre sus cuerpos.

Yo quiero que comprendas ahora, ¡oh, Arhat!, la íntima relación existente entre los peces del mar y la calabacera.

Hay un ángel poderoso que gobierna a los peces del mar y a los elementales de la calabacera.

La corriente de vida que pasa por los peces del mar es la misma que pasa por la familia vegetal de la calabacera.

El ángel ígneo que gobierna a la calabacera es la misma llama ardiente que gobierna a todos los peces del inmenso mar.

El oficiante echará la calabaza entre una vasija con agua, la cual deberá hervir entre las llamas de una hornilla.

Habrá de ser partida en pedazos la fruta antes de ser echada en la vasija con agua.

Aquella vasija deberá hervir frente al altar.

El oficiante bendecirá la vasija humeante y ordenará al elemental de la calabacera trabajar sobre las multitudes para hacerlas arrepentirse de sus pecados.

La Gran Jerarquía Blanca te asistirá durante el rito.

El Colegio de Iniciados colaborará contigo en esta Gran Obra del Padre.

Los poderes ígneos de esta criatura elemental flamean intensamente entre el chisporrotear ardiente de las llamas universales.

Durante esta ceremonia de magia elemental, la blanca paloma del Espíritu Santo entrará en ti, ¡oh, Arhat!

Ahora, sumido en profunda meditación, podréis escuchar la palabra de Jehová, oh, Arhat.

No olvides, hermano mío, no olvides, oh, Arhat, que a cada una de las vértebras espinales del cuerpo mental corresponde una caverna sagrada escondida entre las entrañas de la Tierra.

Conforme tu Culebra Ígnea va subiendo por la médula incandescente de tu cuerpo mental vas penetrando en cada una de las cavernas correspondientes a cada vértebra.

Aquellas cavernas iluminadas por el Fuego de tu candelero resplandecen abrasadoramente.

Aquellas cavernas en las cuales todavía no flamea tu antorcha encendida están llenas de tinieblas, de humo, y solo tú, ¡oh, Arhat!, puedes disipar esas tinieblas con el Fuego Sagrado de tu candelero.

En cada una de las treinta y tres cavernas del Arhat chisporrotea el Fuego abrasador de la mente cósmica de la Naturaleza.

En cada una de las treinta y tres cavernas del Arhat situadas entre las entrañas de la Tierra se cultivan los Misterios Sagrados del Fuego.

Conforme el Arhat va iluminando sus cavernas con la antorcha de su candelero la Luz y el Fuego van convirtiendo su mente-materia en Mente-Cristo.

Después de que Jonás fue vomitado por un pez predicó en Nínive y se sentó debajo de una calabacera para trabajar con los poderes de la mente, que flamean entre el crepitar de las ascuas ardientes de la mente cósmica.

Las gentes no entienden el símbolo de Jonás, a pesar de que el Cristo resucitó después de tres días.

Las gentes pidieron señales al Cristo, pero él solo dio la señal de Jonás.

Desvístete de tus vestimentas viles, porque están llenas de gusanos de toda podredumbre.

El gusano de la podredumbre seca y mata la calabacera.

Con el rito de la calabacera solo pueden oficiar los Arhat.

Todo el Sagrado Colegio irá vestido con túnicas blancas al templo del santo rito. Solo algunos ayudantes usarán túnica y capa azul celeste durante el rito.

Durante algunos instantes las luces se apagan y el templo queda a oscuras.

Ahora comprenderás que la planta de la calabacera pertenece al plano mental.

Ahora entenderás todo el símbolo de Jonás el Profeta sentado debajo de una calabacera.

El momentáneo apagar de las luces durante el rito simboliza el paso de las Tinieblas a la Luz.

Debemos arrojar de nosotros todas aquellas bajezas de naturaleza animal.

El mantra del elemental de la calabacera es **KA**.

Debe resonar el gong oriental durante este rito.

—*Rosa Ígnea*, capítulo 3—

KAM

MAGIA DEL ÁRBOL BORRACHERO*
—*Corneta de ángel en la costa de Colombia. Higatón en Departamento de Bolívar, Colombia. Floripondio en el Perú*—

---

* *El nombre científico con el que los botánicos inicialmente definieron al borrachero es* Datura arborea. *Posteriormente, los mismos botánicos decidieron catalogarlo dentro del género de la* Brugmansia, *dándole por nombre* Brugmansia arborea.

El Elemental del borrachero es todo un mago. Es neptuniano y tiene poderes terribles. Visto clarividentemente, este Elemental parece un niño de 12 años de edad, y tiene en sus manos la vara del mago.

Todo árbol de borrachero tiene su correspondiente Elemental, el que debe ser utilizado por quienes deseen salir conscientemente en cuerpo astral. Yo utilizaba frecuentemente el Elemental de este árbol para enseñar a mis discípulos a salir en cuerpo astral. Digo que utilizaba porque me estoy refiriendo a tiempos antiguos.

MANERA DE PROCEDER

Tomaba una vara del mismo árbol, con la que trazaba alrededor de él un círculo bien amplio en el suelo; machacaba las flores del árbol y untaba el zumo en la cabeza del discípulo.

El discípulo, acostado en su lecho, se adormecía y yo daba órdenes al Elemental para que lo sacara fuera del cuerpo físico. Estas órdenes iban acompañadas del mantra que tiene el borrachero, el cual es KAM, que se pronuncia alargando el sonido de las dos últimas letras, así: KAAAAAMMMMM.

Hoy en día todos nuestros discípulos gnósticos deben emplear los poderes de este Elemental para aprender a salir conscientemente en cuerpo astral, para lo cual se procede tal como ya lo enseñamos.

Luego ordenen imperiosamente al Elemental así: «Cuando yo te llame, concurrirás siempre. Yo necesito que me saques en cuerpo astral, siempre que te lo ordene». Posteriormente, pinchará el discípulo con un alfiler un dedo de su mano y con un cuchillo hará en el árbol una incisión en la cual depositará su sangre, quedando de esta manera formalizado el pacto con el Genio del borrachero.

«Escribe con sangre y aprenderás que la sangre es espíritu»
–Nietzsche–.

«Este es un fluido muy peculiar» –Goethe–.

Luego, cortará el discípulo alguno de sus cabellos y los colgará del árbol. Cogerá algunos pétalos de las flores de él, los depositará en una bolsita y los colgará de su cuello como talismán. Desde ese instante, el discípulo tiene bajo su servicio a este humilde Elemental, que concurrirá siempre a su llamado.

Cuando el discípulo quiera salir en cuerpo astral, adormézcase en su lecho pronunciando el mantra del árbol y con la mente concentrada en ese Genio Elemental, llamándolo mentalmente, rogándole que lo saque en cuerpo astral; y en ese estado de transición entre la vigilia y el sueño, el Elemental del borrachero lo sacará de su cuerpo físico, llevándolo a lugares por él anhelados.

Cada vez que el discípulo pueda, debe visitar el árbol, regarlo con agua, bendecirlo y coger las flores, las que utilizará cuando le plazca; pues como ya lo dijimos antes, estas se machacan con una piedra, se les extrae el zumo, el cual se aplica en el cerebro para salir en cuerpo astral. Es conveniente advertir que la aplicación del zumo se efectúa al tiempo de acostarse el discípulo, cuando va a entregarse al sueño.

Empero, cuando no se tengan las flores a mano, siempre el discípulo podrá invocar a su servidor Elemental para que lo saque en cuerpo astral. También tiene este Elemental el poder para hacernos invisibles. Cuando el discípulo quiere hacerse invisible, pronuncia el mantra del Elemental –KAM– de este árbol, llama a su servidor y le ruega que le haga invisible, lo que será un hecho.

En tiempos antiguos, cuando yo quería hacerme invisible, machacaba las flores como ya lo expliqué, me aplicaba el zumo en las coyunturas del cuerpo, rogando al Elemental que me hiciera invisible.

Hemos de advertir, no obstante, que lo primero que tiene que hacer el discípulo es superar el cuerpo. En tiempos antiguos, el hombre vivía dentro del seno de la Madre Naturaleza, y entonces todos los poderes de la bendita Diosa Madre del Mundo resonaban potentemente en sus cajas de resonancia, y se expresaban a través de todos sus chakras con esa euforia grandiosa del universo.

Hoy en día, ya el cuerpo humano está completamente desadaptado de la naturaleza, y las potentes ondas del universo no pueden expresarse a través de él. Nos toca ajustar el cuerpo, nuevamente, al seno de la bendita Diosa Madre del Mundo. Nos toca limpiar ese maravilloso organismo y preparar el cuerpo para que se convierta nuevamente en una caja de resonancia de la naturaleza.

–Tratado de Medicina Oculta y Magia Práctica,
capítulo «Magia del árbol borrachero»–

Paracelso dice que necesitamos enganchar los Elementales de la Naturaleza al carro de la Ciencia para volar por los aires cabalgando sobre el águila, caminar sobre las aguas, transportarnos a los sitios más lejanos de la tierra en pocos instantes...

Existen Elementales que nos ayudan en los viajes astrales. Recordemos al Elemental de aquel árbol conocido como borrachero, corneta de ángel, flor de noche, en distintos países. Dicho Elemental puede sacar al ser humano en cuerpo astral. Basta que el estudiante gnóstico tenga siempre un árbol de estos en su casa. Es necesario ganarse el cariño del Elemental del árbol. Por las noches, el estudiante gnóstico se concentrará en el Elemental del árbol, vocalizará la sílaba KAM muchas veces y, luego, se adormecerá rogando al Elemental del árbol que lo saque del cuerpo físico y lo lleve en cuerpo astral a cualquier remoto lugar del mundo, del cosmos infinito. Es seguro que el Elemental vegetal ayudará a todos aquellos que de verdad sepan pedir con fe y amor.

Este árbol es conocido como floripondio en el Perú; gigantón en Bolívar, Colombia. Muchas personas triunfan con estas prácticas inmediatamente porque son hipersensibles; en cambio, hay personas que no son hipersensibles. Dichas personas necesitan practicar muchísimo para lograr la victoria.

–El Matrimonio Perfecto, capítulo 26–

KANDIL BANDIL R

El Fuego Sagrado entra en actividad cuando los átomos solares y lunares del cordón brahmánico hacen contacto en el triveni. Ese contacto solo es posible practicando Magia sexual intensamente con la sacerdotisa o mediante el sacrificio de una abstención sexual total y definitiva*.

Los mantras más poderosos que se conocen en todo el Infinito para despertar el Fuego Sagrado son los siguientes: **KANDIL BANDIL R.**

Estos mantras se vocalizan en forma cantada, así: **KAN** en voz alta, **DIL** en voz baja; **BAN** en voz alta y **DIL** en voz baja. La letra **R** es pronunciada en forma alargada y aguda, imitando el sonido producido por el motor de un molinillo.

—*Rosa Ígnea*, capítulo 23—

Después de la queja mencionada y de la promesa de intervención del Ángel, Juan le rogó que le enseñara el mantra más poderoso que existe en todo el universo para despertar el Kundalini. Entonces el Ángel cantó un maravilloso mantra que conturbó a Juan y es el siguiente: KANDIL BANDIL R.

Vocalización: Las primeras sílabas de cada palabra sagrada —KAN y BAN— recibieron una entonación alta, suave y prolongada, en tanto que las sílabas finales de dichas palabras tuvieron una entonación respectivamente baja y prolongada —DIL y DIL—, y la R recibió una vibración más alta que las primeras sílabas cantadas, armoniosa y sutil, como si un niño tratara de imitar el zumbido vibratorio de un motor en marcha, o como si se escuchara el zumbido de un mollejón movido por fuerza eléctrica cuando se afila

---

* *En algunas de sus primeras obras, el V.M. Samael comentaba la posibilidad de despertar el Fuego de la Kundalini mediante el sistema de transmutación para solteros (el HAM SAH, el Pranayama Egipcio, etc.), unido esto a un sacrificio de castidad por parte de los devotos célibes imposibilitados de tener pareja o cónyuge. Más tarde, el V.M. Samael afirmó rotundamente que el Kundalini solo podía despertarse y desarrollarse mediante el Sahaja Maithuna o Magia sexual. Así se lo comunicó a él, claramente, su Bendita Madre Kundalini durante una entrevista sostenida entre ambos.*

una hoja delgada de acero: sonido agudo, alto, con tendencia a producir modulaciones de flauta:

KÁAANNNNNDIIIIILLL

BÁAANNNNNDIIIIILLL

RRRRR.

Estos mantras se pueden pronunciar repetidamente, a diario, cuantas veces haya oportunidad, por largo tiempo.

Después de que el Ángel Aroch hubo cantado estos mantras, el Teúrgo Juan los cantó también.

El Ángel bendijo a Juan y salió del recinto llevando entre sus manos la Balanza de la Justicia, así como la revista hostil que Juan le había mostrado.

—Logos, Mantra, Teúrgia, capítulo 4—

Hay que practicar Magia sexual intensamente para transformar la mente.

Por medio de la Magia sexual llenamos nuestra mente de átomos transformativos de altísimo voltaje.

Así es como preparamos nuestro cuerpo mental para el advenimiento del Fuego.

Cuando la Serpiente Ígnea del cuerpo mental ha convertido la mente-materia en Mente-Cristo, entonces nos libertamos de los cuatro cuerpos de pecado.

Empero nuestros discípulos solteros pueden llegar a las grandes realizaciones con la terrible fuerza del sacrificio *—ver la nota en la página 163—*.

La abstención sexual es un tremendo sacrificio.

Francisco de Asís se cristificó totalmente por medio de la fuerza del sacrificio.

Los solteros concentrarán su voluntad y su imaginación unidas en vibrante armonía sobre las glándulas sexuales y harán subir su fuerza sexual desde las glándulas sexuales hasta el cerebro siguiendo el curso de la columna espinal.

Luego llevarán la energía sexual hasta el entrecejo, cuello y corazón en sucesivo orden.

Durante esta práctica cantarán nuestros discípulos los siguientes mantras: **KANDIL BANDIL R**.

Se vocalizarán estos mantras así:

KAN en voz alta y **DIL** en voz baja. **BAN** en voz alta y **DIL** en voz baja. La letra **R** se pronuncia en forma alargada y aguda, imitando el sonido producido por el motor de un molinillo.

Estos son los mantras más poderosos que se conocen en todo lo infinito para el despertar del Kundalini.

—Rosa Ígnea, capítulo 16—

Pregunta.-Maestro, el mantra KANDIL BANDIL R, ¿se puede utilizar también en la transmutación?

Respuesta.- Voy a decirte: Hace unos cuantos años, muchos años hacia atrás, platicaba yo con el Ángel Aroch, Ángel de Mando, y se me ocurrió a mí preguntarle cara a cara, frente a frente, por algún mantra para el Kundalini. Le dije:

—Maestro, te pido un mantra, el más poderoso que exista en todo el Universo, para despertar el Kundalini.

Entonces él me respondió:

—Con mucho gusto.

Y cantó el mantra; lo cantó así: KÁAANNNNNDIIIIILLL, BÁAANNNNNDIIIIILLL, RRRRR. La R en una forma muy aguda —dispensen que a mí no me da la garganta—, pero ustedes sí pueden hacerlo mejor. A ver, ¡cántenlo una de ustedes, a ver!

Bueno, ese es el mantra más poderoso que existe en todo el cosmos para despertar el Kundalini. Claro, se debe usar en la Forja de los Cíclopes, y también las parejas que estén trabajando en la

Novena Esfera lo deben usar cada vez que sientan la necesidad de cantarlo, y en esa forma muy pronto se logra el despertar de la Serpiente Sagrada.

Pregunta.- Venerable Maestro, ¿pero ese mantra se utiliza al terminar la práctica del Arcano o durante la práctica?

Respuesta.- Pues durante la práctica, antes de la práctica y después de la práctica...

—El Quinto Evangelio,
conferencia «Respuestas a los enigmas de las damas gnósticas»*—*

Otras referencias:

—Mensaje de Navidad 1967-68, capítulo 25*—*

—Curso Zodiacal, capítulo 9*—*

KAUM

El estudiante gnóstico se coloca en posición de pie firme mirando al Oriente, levantando el brazo izquierdo conforme lo indica la figura de la Runa Kaum. Respírese rítmicamente y vocalice el mantra KAUM, así: KAAAAAUUUUUMMMMM *.

—Tratado Esotérico de Magia Rúnica, capítulo 34*—*

KAWLAKAW SAWLASAW ZEESAR

Después [del IAO] se continúa con los poderosos mantras arcaicos: KAWLAKAW SAWLASAW ZEESAR.

KAWLAKAW hace vibrar al Hombre-Espíritu.

---

* La práctica descrita en este capítulo ha sido tomada del Abecedario Rúnico, *manual que el autor confeccionó previamente a la aparición de este libro. Además, es bueno saber que el citado ejercicio ha sido confrontado y corroborado por aquellos discípulos que vivieron cerca del autor —el V.M. Samael Aun Weor—, y que aún hoy en día mantienen la fidelidad a sus Enseñanzas.*

SAWLASAW pone en vibración a la humana personalidad terrestre.

ZEESAR hace vibrar el astral del hombre. Estos son mantras antiquísimos.

—El Matrimonio Perfecto, capítulo 9—

KAWLAKAW es el Dios interno.

SAWLASAW es el hombre terrenal.

ZEESAR es el cuerpo astral.

Estos poderosos mantras desarrollan todos nuestros internos poderes. El alquimista no debe olvidar ninguno de estos mantras.

—Curso Esotérico de Kábala, capítulo 9—

KEM LEM

Hemos penetrado ahora en un viejo palacio medieval. Un niño juguetea en este viejo palacio.

El niño sube una escala. Nosotros debemos volvernos niños para subir la escala de la Sabiduría.

En este viejo palacio vive una Reina del Fuego. Es la Reina Elemental del enebro, encarnada en cuerpo físico en una vieja corte medieval.

Es una maga sobria, es una maga austera vestida al estilo medieval. Esta Reina Elemental tiene una bella apariencia juvenil, vive una vida ejemplar en este antiguo palacio feudal.

Sumidos en profunda meditación interna penetramos en un salón subterráneo de esta vieja mansión, y ante nuestros ojos espirituales se presenta un lecho humilde, una dama sublime y algunos santos Maestros que asisten a esta Reina Elemental del enebro, encarnada en plena Edad Media en cuerpo físico.

Este extraño aposento aparece iluminado por una vieja araña de vidrio, donde se respira el polvo de los siglos.

Frente a aquel lecho, de una vasija de hierro humeante se desprende un humo vago y delicioso.

El fuego arde intensamente debajo de esta vasija.

Hierve un líquido, y entre el líquido la planta del enebro.

El líquido de aquella vasija es el agua pura de vida, entre la cual aparece el árbol del enebro.

Esta es la planta de los Reyes divinos. Tres Zipas Chibchas de Bacatá practicaron el culto del enebro.

Todos los Reyes divinos de la antigüedad practicaron el Arte Regio del enebro.

El mantra del elemental del enebro es **KEM LEM**.

El elemental del enebro parece una bella niña. Cada árbol tiene su elemental.

Todos los elementales del enebro obedecen a esta Reina Elemental encarnada en este viejo palacio medieval.

La Reina suplica a Agni que le ayude, y este Niño del Fuego flota en aquel extraño aposento.

El elemental del enebro obedece, y entre el humo de la vasija aparecen algunos Maestros de Sabiduría.

El humo del enebro forma un cuerpo gaseoso para que el Ángel invocado pueda vestirse con él y hacerse visible y tangible en el mundo físico.

Todos los Reyes divinos de la antigüedad practicaban el Arte Regio del enebro para conversar con los ángeles.

El invocador debe beber un vaso del enebro durante el rito.

Los chakras entran en actividad con el rito del enebro.

Cada árbol tiene su elemental; estos elementos de los enebros obedecen a esta Reina del Fuego, que estuvo encarnada en la Edad Media en una corte fastuosa.

Ahora la Reina del enebro cultiva sus misterios en un templo subterráneo de la Tierra.

Las bayas del enebro, usadas en forma de sahumerios, limpian el cuerpo astral de toda clase de larvas.

El Iniciado debe revestirse con su traje sacerdotal para oficiar en el templo con el elemental del enebro.

Durante el tiempo que dure el oficio sagrado del enebro el árbol del que se hubieran cogido las ramas y bayas permanecerá cubierto con paños negros y se colgarán en él algunas piedras.

Durante la santa invocación del elemental del enebro el Iniciado hará sonar una trompeta de cuerno de carnero.

El elemental del enebro forma con el humo un cuerpo gaseoso que sirve de instrumento al Ángel invocado.

Si la invocación es digna de respuesta el Ángel invocado concurrirá al llamado y se hará visible y tangible en el mundo físico para conversar con quien lo llama.

Mil veces podrá llamar el indigno y no será escuchado, porque para el indigno todas las puertas están cerradas, menos la del arrepentimiento.

—Rosa Ígnea, capítulo 1—

El enebro es un arbusto muy sagrado. El gnóstico debe de aprender a manipular los poderes de este gran arbusto para conversar con los ángeles. Veamos ahora los siguientes versículos bíblicos.

«Achab dio a Jezabel la nueva de todo lo que Elías había hecho y de cómo había matado a espada a todos los profetas.

Entonces envió Jezabel a Elías un mensajero, diciendo: Así me hagan los Dioses, y aún me añadan, si mañana a estas horas yo no he puesto tu persona como la de uno de ellos.

Viendo, pues, el peligro, se levantó y se fue para salvar su vida y vino a Beerseba, que está en Judá, y dejó allí su criado.

Y él se fue por el desierto un día de camino, vino y se sentó debajo de un enebro, y deseando morirse dijo: ¡Basta ya, oh Jehová! Quítame la vida, que no soy yo mejor que mis padres.

Y echándose debajo del enebro, se quedó dormido. Y he aquí luego un ángel le tocó, y dijo: ¡Levántate, come!

Entonces él le miró, y he aquí a su cabecera una torta cocida sobre las ascuas, y una vasija de agua; y comió y bebió, y volvió a dormirse» –1 Reyes 19: 1-6–.

La magia bíblica es algo muy santo, y muy pocos son los que la conocen a fondo. Cuando la Biblia nos dice que Elías se sentó debajo de un enebro y que debajo de un enebro se le apareció un ángel, ello esconde una sabiduría esotérica muy profunda. Realmente, para que un ángel pueda hacerse visible y tangible en el mundo físico, es necesario prepararle un cuerpo gaseoso que le sirva de instrumento físico. El mago que quiera hacer visibles y tangibles en el mundo físico a los ángeles, deberá conocer a fondo la Magia Elemental del enebro.

Cogerá el mago algunas ramas y bayas del enebro, las echará a cocer entre una caldereta u olla con agua, beberá un buen vaso de esa bebida al empezar el ritual de invocación angélica. También pondrá sobre el altar de su santuario un incensario, dentro del cual echará ramas y bayas de enebro; también podrá añadirle ramas de milenrama, tanto para el cocimiento que ha de beber como para el sahumerio del templo. Mas si no se encuentra la rama de milenrama, con el solo enebro es suficiente para el rito.

El invocador debe de estar revestido con su traje sacerdotal. Podrá verificarse el Ritual de Primero o Segundo grado, o la Misa Gnóstica, tal como aparece en nuestra obra titulada *Apuntes Secretos de un Gurú.*

Terminado el ritual se moverá el incensario tres veces, ordenándole imperiosamente al Elemental del enebro formar el cuerpo gaseoso sobre el altar del templo, para que el ángel invocado pueda hacerse visible y tangible en el mundo físico. El sacerdote deberá pronunciar tres veces con voz potente el nombre del ángel invocado.

Puede invocarse al Ángel Israel, que rigió al pueblo de su mismo nombre a través de todos los éxodos bíblicos. Puede llamarse también a Raphael o al Ángel Aroch, etc. Entonces el ángel —envuelto en aquel cuerpo gaseoso formado por el Elemental del enebro— podrá verse ahora visible y tangible en el mundo físico ante el invocador.

Durante aquel tiempo en que el sacerdote está oficiando, el arbusto de donde se quitaron las ramas del oficio deberá permanecer cubierto con paños negros, y deberán colgarse en sus ramas algunas piedras. El Elemental del enebro parece una niña de doce años y posee grandes poderes ocultos. Las ramas y bayas del enebro tienen también el poder de limpiar nuestro cuerpo astral de toda clase de larvas. En forma más sencilla, podría verificarse este trabajo en un cuarto debidamente purificado con incienso y oración. En este caso, el ritual puede ser reemplazado con invocaciones hechas con puro corazón.

El enebro formará un cuerpo gaseoso que le sirve de instrumento al ángel invocado. Si nuestra invocación es digna, el ángel concurrirá a nuestro llamado y se hará visible y tangible; mas si nuestra invocación no merece respuesta, entonces el ángel no concurrirá a nuestro llamado.

El altar puede hacerse sencillamente con una mesa.

Cuando se dice que el profeta Elías se sentó debajo de un enebro, ello significa que él, valiéndose del enebro, invocó a un ángel y este concurrió a su llamado, haciéndose visible y tangible. El enebro tiene varios mantras, que se deben pronunciar durante el rito. KEM LEM, son mantras de este Elemental vegetal.

En las memorias de la naturaleza leemos que tres zipas de Bacatá practicaron los ritos del enebro para hacer visibles y tangibles a los ángeles. Todos los reyes divinos de la antigüedad practicaron la Magia Elemental del enebro para conversar con los ángeles.

Este maravilloso Elemental obedece a una reina: la Reina Elemental del Fuego*. En los mundos internos vemos a esa gran Reina Elemental sentada sobre su trono de fuego, y las memorias de la naturaleza nos dicen que esta planta tiene el poder de llevar nuestras glándulas endocrinas a un grado de superfunción especial. Esto, sencillamente, significa que todos los chakras del cuerpo astral entran en actividad mediante el rito del enebro.

La Magia Elemental del enebro pertenece al arte de los reyes divinos.

–Tratado de Medicina Oculta y Magia Práctica,
capítulo «Estudio y Ejercicio de la Magia Elemental»–

KLIM KRISHNAYA GOVINDAYA GOPIJANA VALLABHAYA SWAHA

El Pentagrama es símbolo del Verbo Universal de Vida. Se puede hacer resplandecer instantáneamente el Pentagrama con ciertos mantras secretos.

En los Upanishads de Gopala Tapani y Krishna hemos hallado el mantra que tiene el poder para formar instantáneamente, en el plano astral, la terrible Estrella Flamígera, ante la cual huyen aterrorizados los demonios. Este mantra consta de cinco partes, a saber:

KLIM, KRISHNAYA, GOVINDAYA, GOPIJANA, VALLABHAYA, SWAHA.

Al vocalizar este mantra se forma, instantáneamente, la Estrella Flamígera ante la cual huyen aterrorizados los tenebrosos del Arcano 18. Estos demonios atacan violentamente al Iniciado cuando está trabajando en la Gran Obra. Los devotos del Matrimonio

---

* *El Excelso habló extensamente de esta Reina Elemental del enebro en el capítulo titulado «Una Reina del Fuego» en su obra Rosa Ígnea, capítulo que recomendamos que se estudie a fondo y en su totalidad para comprender mejor la Magia Elemental del enebro.*

Perfecto tienen que librar tremendas batallas contra los tenebrosos. Cada vértebra de la espina dorsal representa terribles batallas contra los Magos Negros. Estos luchan por alejar al estudiante de la Senda del Filo de la Navaja.

El poderoso mantra que acabamos de mencionar tiene tres etapas perfectamente definidas. Al recitar el KLIM, que los ocultistas de la India llaman la «Semilla de Atracción», provocamos un flujo de Energía Crística que desciende instantáneamente del mundo del Logos Solar para protegernos, y se abre entonces hacia abajo una puerta misteriosa. Después, por medio de las tres partes siguientes del mantra, se infunde la Energía Crística en aquel que lo recita y, finalmente, por medio de la quinta parte – VALLABHAYA, SWAHA–, el que ha recibido la energía crística puede irradiarla con tremenda fuerza para defenderse de los tenebrosos; entonces estos huyen aterrorizados.

El Verbo cristaliza siempre en líneas geométricas. Esto está demostrado con la cinta magnetofónica. El discurso queda grabado en la cinta. Cada letra cristaliza en figuras geométricas. Basta después hacer vibrar la cinta en la máquina grabadora para que se repita el discurso. Dios geometriza. La palabra toma figuras geométricas. Estos mantras citados por nosotros tienen el poder de formar instantáneamente, en los mundos suprasensibles, la Estrella Flamígera. Dicha Estrella es un vehículo de fuerza crística. Dicha Estrella representa al Verbo.

Con este poderoso mantra se pueden defender todos aquellos que están trabajando en la Fragua Encendida de Vulcano. Dicho mantra se vocaliza silabeándolo. Con este mantra se pueden conjurar a los demonios que controlan a los posesos.

Es urgente aprender a crear instantáneamente la Estrella Flamígera. Con este mantra podemos crear esa Estrella para combatir a los tenebrosos.

–*El Matrimonio Perfecto*, capítulo 30–

Otras referencias:

–*Logos, Mantra, Teúrgia*, capítulo 11–

KRIM

El mantra o palabra mágica que simboliza todo el trabajo de Magia sexual es KRIM.

En este mantra debe emplearse una gran imaginación, la cual obra directamente sobre el Eros, actuando este por su parte a su vez sobre la imaginación, insuflándole energía y transformándola en fuerza mágica.

Para ponerse en contacto con la móvil potencia universal, el practicante percibe diversas imágenes, mas ante todo se le revela su Divina Madre adorable con la lanza sagrada en su diestra, peleando furiosa contra aquel Yo-diablo que personifica tal o cual error psicológico que anhelamos destruir.

El practicante cantando su mantra KRIM fija luego su imaginación, su translúcido, en el Elemento Fuego, de tal modo que él mismo se sienta como llama ardiente, como flama única, como hoguera terrible que incinera al Yo-diablo que caracteriza al defecto psicológico que queremos aniquilar.

La extrema sensibilidad de los órganos sexuales anuncia siempre la proximidad del espasmo; entonces debemos retirarnos a tiempo para evitar la eyaculación del semen.

Continúese luego el trabajo el hombre acostado en el suelo en decúbito dorsal –boca arriba– y la mujer en su cama... Suplíquese a la Divina Madre Kundalini, pídase con frases sencillas salidas del corazón sincero, elimine con la lanza de Eros, con la fuerza sexual, el Yo que personifica al error que realmente hemos comprendido y que anhelamos reducir a polvareda cósmica.

Bendígase por último el agua contenida en un vaso de cristal bien limpio, y bébase dando gracias a la Madre Divina.

–El Misterio del Áureo Florecer, capítulo 6–

KTO MOJ SUZHENYJ, KTO MOJ RJAZHENYJ, TOT POKAZHETSJA MNE

Las damas gnósticas solteras pueden intentar explorar el futuro para saber algo sobre posibilidades matrimoniales, y eso no es un delito.

PROCEDIMIENTO MAGÍSTICO

Establézcase dentro de la mismísima recámara dos espejos iguales, de acuerdo con el binario hombre-mujer. Frente a cada espejo debe haber una vela encendida.

Los dos espejos deben quedar colocados frente a frente y cada uno con su vela encendida, pero en forma tal que la llama encendida no se refleje en el cristal. Las velas deben ser de cera.

Siéntese luego la dama y cante tres veces en alta voz las siguientes palabras mágicas: «**Kto moj suzhenyj, kto moj rjazhenyj, tot pokazhetsja mne***».

Después de pronunciados los mantras, dharanis o palabras de poder, debe dirigirse la vista con intensidad fija a cualquiera de los dos espejos, eligiendo inteligentemente el espacio más lejano y oscuro donde ha de realizarse la mágica aparición.

Es aconsejable orar el Padrenuestro, la oración del Señor, antes de realizar el experimento. Así, y pidiéndose primero permiso al Padre que está en secreto, se recibirá la ayuda del Padre y aparecerá en el espejo el futuro esposo.

Las palabras mágicas LUCÍA STOF LUB SALEM SADIL, también pueden y deben ser recitadas durante este experimento mágico. Este experimento se hace a las doce de la noche.

Las palabras mágicas: LUCÍA, STOF, LUB, SALEM, SADIL también pueden y deben ser recitadas durante este experimento mágico. Este experimento se hace a las doce de la noche.

–Tratado de Medicina Oculta y Magia Práctica,
capítulo «Magia Ceremonial»–

---

* Transliteración del cirílico al alfabeto latino de una frase popular extraída de antiguas tradiciones rusas. Traducción: 'Quien es destinado a mí, quien fue vestido especialmente para mí, ¡que él aparezca!'.

LA

La región de la Tierra va desde los pies hasta las rodillas. Su mantra es LA.

—El Matrimonio Perfecto, capítulo 19—

LA RA

La fuerza sexual se bipolariza en positiva y negativa. Por el cordón ganglionar de la derecha que se enrosca en la médula espinal, ascienden los átomos solares desde nuestro sistema seminal. Por el cordón ganglionar de la izquierda, que se enrosca en la misma, ascienden los átomos lunares desde el mismo sistema seminal.

Pues bien, los átomos solares resuenan con el mantra: RA, y los átomos lunares vibran intensamente con el mantra: LA.

Para hacer resonar la sutil voz, el sonido Anahat, dentro del cerebro, utilícese el poder sexual de los dos testigos conocidos en Oriente con los nombres de Idá y Pingalá.

El sonido Anahat es producido por las fuerzas sexuales en movimiento, y ya se sabe que todo movimiento produce sonido. Si se procura hacer vibrar con intensidad a los átomos solares y lunares del sistema seminal, entonces el sonido Anahat se producirá más fuerte, más intenso, y capacitará para salir conscientemente en cuerpo astral.

Adormézcase, desde luego, vocalizando mentalmente así: LAAAAA, RRRRRAAAAA; LAAAAA, RRRRRAAAAA.

Con estos mantras los átomos solares y lunares aludidos girarán intensamente en remolino eléctrico. Tal movimiento produce el sonido Anahat, con el cual puede el estudiante escaparse conscientemente del cuerpo físico. Lo importante es que se levante del lecho en instantes de estar dormitando, aprovechando el místico sonido.

Los dos testigos del Apocalipsis de San Juan otorgan el poder de profetizar porque producen el despertar de la Conciencia. Por el cordón ganglionar de la derecha sube el Fuego Solar, por el de la izquierda se eleva el Agua Lunar: Fuego más Agua igual a Conciencia. El fuego del Flegetonte y el agua del Aqueronte se entrecruzan en la Novena Esfera —el sexo—, formando el signo del infinito. Este signo es el Santo Ocho. Si se observa cuidadosamente el Caduceo de Mercurio, se pueden percibir dos serpientes enroscadas que forman el Santo Ocho.

—*Logos, Mantra, Teúrgia*, capítulo 8—

El ser humano puede viajar en cuerpo astral a cualquier lugar del mundo o del infierno. La clave para salir conscientemente en cuerpo astral es la siguiente: Acostado boca arriba en su lecho, adormézcase el discípulo vocalizando las sílabas LA RA. El estudiante vocalizará estas dos sílabas separadamente, sin juntarlas entre sí. Así:

LAAAAA, RRRRRAAAAA.

La vocalización de estas dos sílabas sagradas se hace mentalmente.

Estas dos sílabas tienen el poder de hacer vibrar intensamente las energías sexuales. El discípulo, vocalizando, se adormecerá entre su cama tranquilamente. Cuando el estudiante vocaliza estas dos sílabas hace vibrar las energías sexuales, las energías creadoras del Tercer Logos.

Esta clase de energías, cuando vibran intensamente, produce un sonido muy dulce y apacible, algo semejante al canto del grillo. El estudiante debe aprender a manejar este sonido. Esa es la sutil voz que nos confiere el poder de salir conscientemente en cuerpo astral. En instantes de estar escuchando el místico sonido, el estudiante debe levantarse de su cama y dirigirse a cualquier lugar del mundo. No es cuestión de levantarse mentalmente. Lo que estamos enseñando tradúzcase en hechos.

Al levantarse, el discípulo se desprende de su cuerpo físico, y entonces puede entrar en los mundos superiores para estudiar los grandes misterios de la vida y de la muerte. Todo aquel que quiera aprender a cantar las dos sílabas sagradas que escuche *La Flauta Encantada* de Mozart. Esa obra fue una Iniciación que Mozart recibió en Egipto.

El profeta fue sacado de su cuerpo en espíritu y llevado a ver la Jerusalén Celestial.

—Mensaje de Acuario, capítulo 32—

En el presente capítulo vemos un fragmento de un códice indígena mexicano del cerro de Chapultepec. Sobre el cerro vemos un chapulín o grillo. En la Roma augusta de los césares el grillo se vendía en jaulas doradas a precios elevados.

En el cerro de Chapultepec existe un templo azteca en estado de Jinas. Ahora debemos comprender por qué este cerro era considerado sagrado por los aztecas. Los indios de México hacían largas peregrinaciones místicas a Chapultepec.

Observando cuidadosamente el fragmento del códice mexicano de Chapultepec vemos a dos seres humanos flotando sobre el cerro. Esos dos seres van en cuerpo astral. Alguien pronuncia una nota, que sale de sus labios como dos ondas de luz. Esa nota es el sonido sibilante y agudo del grillo. Ese sonido es la nota clave del Logos. El Logos suena.

La Naturaleza entera es la encarnación del Verbo, y el Verbo es la nota clave del grillo. Esa nota es un coro; dentro de ese coro inefable está nuestra nota clave. Si un músico tocando un instrumento diera en nuestra nota clave, caeríamos muertos instantáneamente. No hay nada en la Naturaleza que no tenga su nota clave.

El que quiera salir a voluntad en cuerpo astral adormézcase pronunciando mentalmente la sílaba **LA**; esta sílaba se alterna mentalmente con la sílaba **RA**. Pronúnciense mentalmente estas dos sílabas en forma alternada y separada. Trate el estudiante de escuchar el sonido agudo del grillo. Este sonido sale de entre las celdillas cerebrales. Se necesita una mente serena, buena cantidad de sueño y buena atención en lo que se está haciendo.

Si el ejercicio está bien hecho, tan pronto entre el estudiante en aquel estado de transición que existe entre la vigilia y el sueño sentirá dentro de su cerebro el agudo sonido del grillo. Adormézcase entonces un poco más el estudiante y aumente la resonancia de ese sonido por medio de la voluntad; levántese entonces de su lecho y salga de su cuarto rumbo al templo de Chapultepec o a la Iglesia Gnóstica, o a donde quiera.

Cuando decimos que se levante de su lecho, debe esto traducirse en hechos; debe levantarse de su lecho el estudiante. Esta no es una práctica mental. Verdaderamente no se trata de levantarse mentalmente, debe levantarse el discípulo con actos, con hechos.

La Naturaleza se encargará de separar los cuerpos físico y astral para que el astral quede libre y el físico quede en el lecho. El estudiante lo que tiene que hacer es levantarse de su lecho; eso es todo. Con esta clave nuestros discípulos gnósticos podrán transportarse en cuerpo astral a los Templos de Misterios de la Logia Blanca.

Sería muy interesante que los discípulos tuvieran en su cuarto este animalito (el grillo), así se concentrarían mejor. Si nos concentramos en ese sonido, pronto resonará en nuestro cerebro. Se puede tener este animalito en pequeñas jaulas. Con esta clave podemos asistir a los grandes Templos de la Logia Blanca.

El que quiera saber ciencia oculta tiene que salir en cuerpo astral. La ciencia oculta se estudia en los mundos internos. Solo hablando personalmente con los Maestros se puede saber ciencia oculta. Las teorías intelectuales del mundo físico para lo único que sirven es para dañar la mente y el cerebro.

El dirigente del templo de Chapultepec es el Maestro Rasmussen. Dos guardianes con espadas flamígeras guardan la entrada del templo. En este templo se estudia la Sabiduría antigua, en este templo se reúnen los Grandes Maestros de la Logia Blanca.

—*Misterios Mayores*, capítulo 11—

Otras referencias:

—*Magia Crística Azteca*, capítulo 4—

LA RA S

El poder más grande que existe en el mundo, la clave mejor que se conoce para salir en cuerpo astral, depende de las fuerzas sexuales. Se os hará raro que hablemos en esta forma, ¿no?

Poned cuidado, poned atención. Las energías creadoras la famosa «libido» de que nos habla Sigmund Freud, es decir, la fuerza sexual, cuando está en proceso de transmutación libido-genética, produce un sonido, un sonido semejante al del grillo.

Bien hermanos, uno debe aprender a usar esa clave para salir en astral. Voy a enseñárosla: uno se adormece vocalizando mentalmente las sílabas LA RA, así:

LAAAAA, RRRRRAAAAA; LAAAAA, RRRRRAAAAA.

Pero hay que hacer esta práctica con tenacidad, con constancia. Se vocaliza mentalmente ¿entendido? Luego, adormeceos. Esas dos sílabas tienen el poder de hacer vibrar intensamente las energías sexuales. Entonces, y por lógica deducción, sabemos que tan pronto las energías están en potente y elevada vibración, se produce aquella letra que es el silbido mismo del Fohat, del Fuego: la letra S. Esa letra vibra así: SSSSSSS.

Se siente, ciertamente, esa letra vibrar en el cerebelo como si fuese el canto del grillo, o un sonido semejante al que producen los frenos de aire comprimido.

Cuando vosotros escuchéis este sonido, no os asustéis; elevadlo de volumen. Vosotros podéis darle mayor resonancia con la voluntad, y cuando ya esté el sonido vibrando muy intensamente, cuando tenga ya una gran resonancia, aprovechad: ¡levantaos de la cama! Así como lo oís, ¡levantaos de la cama! No os pongáis a pensar que «cómo hago», que «si me levanto con cuerpo» o que «si me levanto sin cuerpo», o que «si yo me levanto, dónde queda el cuerpo»... Por lo común, los estudiantes viven en todas esas vacilaciones, en todas esas incertidumbres, no comprenden...

¡Levantaos, repito, levantaos! Al levantarse, la naturaleza se encargará de separar al cuerpo astral del cuerpo físico. Vosotros, todo lo que tenéis que hacer es levantarse. Claro, no se trata de levantarse mentalmente; lo que estamos hablando debe traducirse en hechos: ¡levantaos de la cama!; lo del cuerpo, eso no os interesa a vosotros, hermanos; vosotros lo que tenéis que hacer es levantaros, y antes de salir de la recámara, dad un saltito con la intención de flotar en la atmósfera.

Si vosotros flotáis es porque estáis en cuerpo astral, ¿entendido? Si no flotáis, volved y meteos entre el lecho y repetid el experimento. Repito: no os canséis; si hoy no pudisteis, mañana podréis.

Muchos discípulos triunfan inmediatamente, y otros se gastan meses y hasta años enteros para aprender. En todo caso, la tenacidad vence.

De manera pues que al sentir ese sonido, os levantareis de la cama, ¿entendido?, y saldréis de vuestro cuarto; pero antes de salir de vuestro cuarto, haced un saltito adentro, dentro de la misma habitación. Dad un salto con la intención de flotar, y si flotáis es porque estáis en astral; si no flotáis, pues, es lógico que estáis en carne y hueso; os regresáis a vuestra cama otra vez.

−El Quinto Evangelio,
conferencia «Naturaleza práctica del mensaje de Acuario»−

Es necesario que el discípulo aprenda a llevarse en sus salidas astrales a la Doncella querida de los Recuerdos para poder traer la memoria de lo que vea y oiga en los mundos internos, pues ella sirve de mediadora entre los sentidos del cerebro físico y los sentidos ultrasensibles del cuerpo astral. Viene a ser, si cabe el concepto, como el depósito de la memoria.

En el lecho, a la hora de dormir, invoque al Íntimo así:

«Padre mío, tú que eres mi verdadero Ser, te suplico con todo el corazón y con toda el alma que saques de mi cuerpo etérico a la Doncella de mis Recuerdos, a fin de no olvidar nada cuando retorne a mi cuerpo».

Pronúnciese luego el mantra: LAAAAAA, RRRRRAAAAA, SSSSSSS, y adormézcase.

Dese a la letra S un sonido silbante y agudo parecido al que producen los frenos de aire. Cuando el discípulo se halle entre la vigilia y el sueño, levántese de su cama y salga de su cuarto rumbo a la Iglesia Gnóstica. Esta orden debe tomarse tal cual, con seguridad y con fe, pues es real y no ficticia; en ello no hay mentalismos ni sugestiones. Bájese de la cama cuidadosamente para no despertarse y salga del cuarto caminando con toda naturalidad, como lo hace diariamente para dirigirse al trabajo. Antes de salir dé un saltito con la intención de flotar, y si flotare, diríjase a la Iglesia Gnóstica o a la casa del enfermo que necesita curar. Mas si al dar el saltito no flotare, vuelva a su lecho y repita el experimento.

No se preocupe usted por el cuerpo físico durante esta práctica. Deje a la naturaleza que obre y no dude porque se pierde el efecto.

Tiene el cerebro un tejido muy fino, que es el vehículo físico de los recuerdos astrales. Cuando este tejido se daña, se imposibilitan los recuerdos y solo se puede remediar el daño en el Templo de Alden, mediante curación de los Maestros.

—Tratado de Medicina Oculta y Magia Práctica,
capítulo «Las cinco causas de las enfermedades»–

LA VA RA YA HA

La región de la Tierra va desde los pies hasta las rodillas. Su mantra es LA.

La región del Agua se halla entre las rodillas y el ano. Su mantra es VA.

La región del Fuego se halla entre el ano y el corazón. Su mantra es RA.

La región del Aire está comprendida entre el corazón y el entrecejo. Su mantra fundamental es YA.

La región del Éter se extiende desde el entrecejo a lo alto de la cabeza, y su mantra es HA.

—El Matrimonio Perfecto, capítulo 19–

LIBIB LENONINAS LENONON

El estudiante se trasladará a las afueras de la ciudad o población donde radique. Buscará en el campo un maguey. Con un palito, hará un círculo en el suelo de derecha a izquierda, alrededor del maguey. Las dimensiones del círculo serán de unas ocho cuartas de la mano alrededor de la planta. Se bendecirá el maguey y se rogará al Elemental de esta planta que se transporte a donde se encuentre el enemigo cuya acción se trata de contrarrestar, y que le desintegre sus malos pensamientos. Luego, con un cuchillo, córtese un pedazo de la hoja del maguey. Se tomará esta porción entre las dos manos, y con imperiosa voluntad, ordénese al Elemental del maguey obediencia suprema. Y se le ordenará que de inmediato se traslade junto al enemigo, y que permanezca junto a él desintegrándole sus malos pensamientos. Al mismo tiempo se pronunciarán mantras.

Mantras: Los mantras que se pronunciarán en los momentos de practicar todo este ritual, son estos: LIBIB LENONINAS LENONON.

Se da a cada letra una resonancia acampanada. El resultado será sorprendente. Así el Elemental aludido desintegrará los pensamientos malintencionados y los sentimientos de odio del enemigo, y entonces este se convertirá en amigo. Pero lo fundamental en estas prácticas es llegar a amar verdaderamente y de todo corazón al que se declara enemigo.

−Logos, Mantra, Teúrgia, capítulo 11−

En épocas de la Lemuria, un gran señor de la luz, un Mago Blanco, quiso extraviarse por el camino negro. Yo le amonesté con mis consejos para detenerlo, mas él insistía en sus propósitos. Me vi obligado a operar con el Elemental del fique, poseedor de grandes poderes, para impedirle tan funesta decisión.

Ritualicé en la forma ya conocida. Corté una de sus hojas, la puse entre las palmas de mis manos y pronuncié varias veces los tres mantras del Elemental del fique: LIBIB LENONINAS LENONON.

Ordené imperiosamente al Elemental viajar hacia el lugar donde moraba el mago blanco que corría el peligro de extraviarse por el camino negro. El Elemental tomó la forma de un cabrito y se sumergió en la atmósfera del mago, cumpliendo exactamente las órdenes que le di: desintegrar los malos pensamientos y fortificar los buenos.

De los primeros tiempos de la América del Sur recuerdo otro caso curioso: un padre me llevó a su hijo, un niño de corta edad, para que le recetase. El niño había caído gravemente enfermo de peste y el desenlace fatal era inevitable. Yo te curo el niño —le dije—, y, como es un caso perdido, tú me lo cedes como hijo adoptivo. El padre aceptó mi propuesta. Operé en el acto con el fique, es decir, hice el círculo, bendije la planta, pronuncié sus tres mantras: LIBIB LENONINAS LENONON, y ordené al Elemental sanar al niño de la terrible peste.

Extraje las raíces del fique y preparé un cocimiento. Conforme el agua hervía, bendije la olla y ordenaba al Elemental: trabajad, sanad al enfermo. Este recobró la salud rápidamente. El Elemental del fique es jupiteriano y posee grandes poderes ocultos.

Durante el gobierno de los últimos césares de Roma, estando encarnado allí y teniendo fama de mago, fui llamado por el César para que lo ayudase a deshacerse de un personaje político, su enemigo mortal. Aceptado el encargo, operé con el Elemental del maguey. Me acerqué a la planta, la bendije, caminé en círculo a su alrededor de derecha a izquierda, corté una hoja, la tuve entre mis manos, pronuncié los tres mantras del fique: LIBIB LENONINAS LENONON; ordené imperativamente al Elemental del fique trasladarse a donde el enemigo del César, desintegrarle sus pensamientos de odio e infundirle amor hacia el soberano. El resultado fue sorprendente. A los pocos días se reconciliaron los mortales enemigos.

—Tratado de Medicina Oculta y Magia Práctica,
capítulo «Estudio y ejercicio de la Magia»—

LIFAROS LIFAROS LICANTO LIGORIA

Es necesario que nuestros discípulos gnósticos aprendan a salir del cuerpo físico en sus vehículos interiores a plena Conciencia para penetrar en las distintas regiones sephiróticas. Es necesario conocer directamente las doce esferas de vibración universal, donde se desenvuelven y viven todos los seres del universo.

Concéntrese el discípulo en el chakra del corazón, donde mora la Divina Madre Cósmica. Suplique el discípulo a Sephirah, la madre de los Sephiroth, rogándole que lo saque del cuerpo y lo lleve a los distintos departamentos del Reino para estudiar directamente los Sephiroth de la Kábala. Ore mucho el discípulo y medite en la Divina Madre, y vocalice mentalmente los siguientes mantras cabalísticos:

LIFAROS LIFAROS LICANTO LIGORIA.

Vocalice estos mantras silabeándolos. Si observáis cuidadosamente la fonética inteligente de estos mantras resaltan las tres vocales **IAO** de los Grandes Misterios. En estos sagrados mantras de la Kábala se esconde y combina **IAO**. El discípulo debe dormirse vocalizando mentalmente estos cuatro mantras cabalísticos. Al despertar de su sueño normal es necesario practicar un ejercicio retrospectivo para recordar qué vimos y oímos durante el sueño.

—Curso Esotérico de Kábala, capítulo 10—

LUCÍA STOF LUB SALEM SADIL

Ver el mantra «KTO MOJ SUZHENYJ, KTO MOJ RJAZHEN-YJ, TOT POKAZHETSJA MNE» en la página 172.

M

El que desarrolle este chakra adquiere el poder de mandar a las criaturas del agua.

El chakra esplénico recoge durante la noche las energías que el sol ha dejado durante el día.

Con estas energías el chakra esplénico transmuta los glóbulos blancos en glóbulos rojos.

El chakra esplénico es el centro del cuerpo etérico. Por ahí entra la vida del sol a nuestro organismo.

La letra M pertenece a este chakra.

Este chakra tiene seis pétalos u ondulaciones.

—Manual de Magia Práctica, capítulo 3—

PRÁCTICA CON LAS ONDINAS

AGUA: Ante una copa con agua adormeceos meditando en el siguiente exorcismo:

EXORCISMO

Fiat firmamentum in medio aquarum et separet aquas ab aquis.

Quae superius sicut quae inferius, et quae inferius sicut quae superius, ad perpetranda miracula rei unius.

Sol eius pater est, luna mater et ventus hanc gestavit in utero suo.

Ascendit a terra in caelum et rursus de caelo in terram descendit.

Exorcizo te, creatura aquae, ut sis mihi speculum Dei vivi in operibus eius, et fons vitae et ablutio peccatorum.

Amen Sela. Fiat.

Luego entrad en sueño vocalizando la letra **M**, así: **MMMM-MMM**.Labios cerrados herméticamente. Este es el sonido como el mugido del toro, pero largamente sostenido, sin este descenso de la voz propio del toro. La letra **M** es el mantra de las aguas. Así os pondréis en contacto con las criaturas de las aguas. Invocad luego al Genio de las aguas. Ese Genio se llama Nicksa.

—Curso Esotérico de Kábala, capítulo 4—

En el *ultra* de la Naturaleza, en la cuarta dimensión, viven muchos seres en cuerpo astral. Los sabios asiáticos dicen que ese chakra prostático les da conciencia de todos esos seres. Los grandes sabios del Indostán se concentran diariamente en el chakra prostático. Imaginan que este chakra gira de izquierda a derecha como una rueda magnética. Vocalizad la letra **M** con los labios cerrados, en tal forma que es como si imitáramos el mugido del toro, pero sin ese descenso de la voz... Este es un sonido ondulatorio y prolongado. Esta práctica despierta el chakra prostático si se practica diariamente y durante muchos años.

El chakra prostático, cuando entra en actividad, nos confiere el poder de salir del cuerpo físico en el cuerpo astral. Entonces podemos movernos en ese cuerpo astral independientemente de la materia física. En cuerpo astral el ser humano puede transportarse a otros planetas. En cuerpo astral el hombre puede investigar por sí mismo los grandes misterios de la vida y de la muerte.

El chakra prostático nos confiere el poder del desdoblamiento de la personalidad.

–Nociones Fundamentales de Endocrinología y Criminología,
capítulo 13–

MAGIA ELEMENTAL DE LA SÁBILA *–Aloe succotrina–*

La sábila es una planta de grandes poderes ocultos.

Los elementales de esta planta parecen niños recién nacidos. Estos niños elementales son verdaderos adamitas llenos de inocente belleza.

Esta planta multiplica sus hojas –pencas– sin necesidad del elemento tierra ni del elemento agua.

He visto muchas veces una sábila colgada en la pared sin luz solar, sin agua y dentro de un aposento, y sin embargo la planta sigue viviendo milagrosamente, reproduciendo sus hojas y hasta multiplicándose.

¿De qué vive? ¿De qué se alimenta? ¿Cómo hace para sostenerse?

Investigaciones clarividentes nos han llevado a la conclusión lógica de que esta planta se alimenta y vive de los rayos ultrasensibles del sol.

Esta planta se nutre del Cristo Cósmico, de los rayos crísticos del sol.

Los cristales de esta planta vienen a ser sol líquido, Cristo en substancia, semen cristónico.

Los elementales de estas plantas tienen poder sobre todas las cosas, y por medio de la magia elemental podemos utilizar estos elementales para toda clase de trabajos de magia blanca.

Antes de coger la planta hay que regarle agua para bautizarla.

Se bendecirá la planta y se le recitará la siguiente plegaria gnóstica:

«Yo creo en el Hijo, el Chrestos Cósmico, la poderosa mediación astral que enlaza nuestra personalidad física con la inmanencia suprema del Padre solar».

Deberá colgarse a la planta un pedacito de metal de plata.

Se deberá luego colgar la planta en la pared de nuestra casa para que con el esplendor de la luz crística que atrae del sol ilumine y bañe todo el ambiente de la casa llenándonos de luz y suerte.

Por medio del poder de la voluntad podremos ordenarle al elemental de la sábila ejecutar el trabajo mágico que deseemos, y entonces este elemental obedecerá inmediatamente.

Indudablemente las órdenes se le darán diariamente al elemental para obligarlo a trabajar.

Los poderes solares de esta criatura son realmente formidables. Empero todo aquel que intente utilizar las criaturas elementales de la Naturaleza con propósitos malvados contraerá un horrible karma y será severamente castigado por la Ley.

Los elementales de la sábila están íntimamente relacionados con las Leyes de la Reencarnación.

El departamento elemental de la sábila está íntimamente relacionado con las fuerzas cósmicas encargadas de regular la reencarnación humana.

Los ángeles que rigen la Ley de la Reencarnación están íntimamente relacionados con este departamento elemental de la sábila.

El mantra de este elemental es la vocal **M**. La pronunciación correcta de esta vocal se hace con los labios cerrados. Este sonido es semejante al mugido del buey. Empero no quiero decir que ha de imitarse al buey. Al articularse el sonido se hará con los labios cerrados, entonces el sonido saldrá por la nariz.

—Rosa Ígnea, capítulo 15—

MAMA PAPA

El que quiera hacerse clarividente tiene que reconquistar la infancia perdida.

El Ángel Aroch me enseñó los mantras más poderosos que se conocen en el mundo para despertar la clarividencia.

El que quiera ser clarividente tiene que acabar con los razonamientos y acostumbrarse a mirar todas las cosas con la imaginación.

Los mantras más poderosos de la clarividencia son las primeras sílabas que el niño comienza a silabear durante sus primeros años.

Estas sílabas son: **MA-MA**, **PA-PA**.

Al pronunciar la primera sílaba **MA** se vocaliza esta sílaba en forma muy alta y aguda.

Al vocalizar la segunda sílaba **MA** se vocalizará en forma muy baja.

Lo mismo se hará con las sílabas **PA-PA**.

Se subirá la voz con la primera sílaba de cada una de las palabras, y luego se repetirá por varias veces, bajando la nota.

El Maestro Huiracocha en su obra titulada *Logos, Mantra, Magia* dice lo siguiente:

«No olvidemos la vida y su desarrollo en los niños. La historia se repite y está en ellos el reflejo de la creación del cosmos como una segura orientación para nuestra existencia. Ellos, en sus temblorosos balbuceos, van pronunciando primero ae... ae... ae... Luego ma... ma... ma... Más tarde ba... ba... Sus primeros gestos, en fin, recuerdan la b y la m, y es que es por ahí por donde debemos, pues, empezar la Iniciación, que en momento oportuno os enseñaré» –Logos, Mantra, Magia, capítulo «El Lenguaje y la Palabra» página 4–.

Las pitonisas de Delfos recibían ayuda del dios Apolo, y nuestros discípulos pueden invocar a Apolo durante sus prácticas para que él les despierte la clarividencia.

Las pitonisas de Delfos despertaban la clarividencia mirando el agua fijamente durante horas enteras, y nuestros discípulos pueden hacer lo mismo.

En los átomos de la infancia tenemos el poder de la clarividencia.

Esos átomos están en nuestro universo interior, y podemos ponerlos a flote mediante las sílabas: **MA-MA, PA-PA**.

—Manual de Magia Práctica, capítulo 3—

El pino es el árbol de Acuario. El pino es el árbol de la Nueva Era. El pino es signo del pensamiento acuariano.

El elemental del pino posee toda la sabiduría de la caña. Este elemental tiene un aura blanca inmaculada y llena de belleza.

Cada pino tiene su elemental propio, porque toda planta y todo árbol tiene cuerpo, alma y espíritu, como los hombres.

Los poderes ígneos del elemental del pino flamean entre las llamas abrasadoras del universo.

El Ángel que gobierna estas poblaciones elementales de los pinos trabaja con la generación humana.

Este Ángel está encargado de hacer llegar las almas humanas al ambiente que les corresponde en cada reencarnación de acuerdo con las Leyes kármicas.

Estos elementales de los pinos tienen el poder de mostrarnos en el agua las cosas del futuro.

El oficiante, vestido con su túnica, hará que un niño inocente mire fijamente en un recipiente con agua.

En la puerta del templo se pondrá una piedra durante todo el tiempo que dure el oficio.

El niño estará vestido con túnica blanca.

Este rito del pino se realiza en nuestros templos subterráneos o en cualquier cueva del bosque.

Todo niño es clarividente entre la edad de los primeros cuatro años.

Si nuestros discípulos quieren despertar la divina clarividencia deben reconquistar la infancia perdida.

Los átomos de la infancia viven sumergidos en nuestro universo interior, y es menester autodespertarlos para una nueva actividad.

Cuando esos átomos infantiles surgen de las profundidades de la Conciencia para reaparecer en nuestro sistema objetivo y secundario, entonces reconquistamos la infancia perdida y viene el despertar de la divina clarividencia.

Por medio del verbo podemos hacer subir esos átomos infantiles desde las profundidades de la Conciencia hasta la superficie exterior.

Ya el bendito y venerable Gurú Huiracocha nos habló en su libro *Logos, Mantra, Magia* sobre el Verbo sagrado de la Luz, y nos dijo que teníamos que empezarlo a deletrear poco a poco, como hace el niño cuando comienza a silabear la palabra «mamá».

En ese libro nos habló el Maestro Huiracocha del poder maravilloso de la vocal M, pero como el gran Maestro habló en clave solo pudieron entender los Iniciados.

El que quiera reconquistar la infancia perdida debe recomenzar vocalizando las sílabas infantiles.

Vocalícense las palabras **MAMA**, **PAPA**, subiendo la voz en la primera sílaba de cada palabra, bajándola en la segunda sílaba de cada palabra.

Durante esta práctica la mente debe asumir una actitud totalmente infantil. Así despertará la divina clarividencia en nuestros discípulos, a condición de la más perfecta castidad.

Durante el rito del pino el sacerdote se acostará en el suelo, mientras el niño esté observando la superficie del agua cristalina. Luego el sacerdote vocalizará la sílaba **AU** varias veces. Sobre el niño se pondrá una rama de pino. Esta rama hará sombra sobre la cabeza del niño, pero no tocará la cabeza del niño. Entonces el niño verá clarividentemente el sitio deseado.bastará ordenarle al niño ver y el niño verá.

Habrá que ordenarle imperiosamente al elemental del pino que le muestre al niño la persona, sitio o lugar que nos interese.

Debe implorarse también la ayuda del Espíritu Santo durante este trabajo ritual del pino.

—Rosa Ígnea, capítulo 12—

Otras referencias:

—Tratado de Medicina Oculta y Magia Práctica, capítulo «Clarividencia»—

MAMA PAPA BABA

Las sílabas MA-MA, PA-PA, BA-BA son las primeras que articulamos en la niñez. Con estas sílabas podréis comenzar la Iniciación. Cantadlas asumiendo una actitud inocente, infantil. En *La Flauta Encantada* de Mozart podréis aprender la entonación de esas sagradas sílabas. Mozart puso esas sílabas en su maravillosa obra.

Adormeceos asumiendo una actitud infantil, recordando los primeros años de la infancia y entonando mentalmente las sagradas sílabas.

La palabra PAPA se vocaliza entonando en voz alta la primera sílaba PA, y bajando la voz en la segunda sílaba PA. Luego articularéis la sílaba PA muchas veces. Lo mismo haréis con la sílaba MA.

Adormeceos meditando en vuestra infancia. Revivid con vuestra imaginación toda la infancia. Articulad mentalmente las sílabas sagradas.

Sabed que todo niño es clarividente hasta la edad de cuatro años. Después, los átomos inocentes de la clarividencia se sumergen entre el subconsciente. Si queréis reconquistar la clarividencia meditad en la infancia y adormeceos profundamente articulando las primeras sílabas del niño: MA-MA, PA-PA, BA-BA.

La meditación y las sagradas sílabas despertarán los átomos infantiles de la clarividencia. Entonces os elevaréis al conocimiento imaginativo, aprenderéis a pensar en imágenes vivientes. La raza actual solo piensa en concepto de ideas. Las ideas son el resultado del deseo.

Alguien piensa conquistar a una mujer, entonces le asalta una idea, etc. Las ideas son el Yo. Tú aprenderás a pensar con imágenes vivientes. La meditación infantil y las sagradas sílabas despertarán los átomos infantiles para una nueva actividad.

−Mensaje de Acuario, capítulo 33−

MANGÜELÉ MANGÜELÁ

Existe una cadena azteca de inmenso poder para el magista. Vamos a estudiar esta cadena. Si estudia la ilustración del capítulo XVIII verá nueve mujeres formando una cadena en medialuna y tres hombres en el centro formando triángulo. Los hombres se hallan sentados al estilo oriental −piernas cruzadas−. Esta cadena representa la Novena Esfera −el Sexo−.

Esta cadena es totalmente sexual. Las nueve mujeres atraen las fuerzas lunares. Los tres varones atraen las fuerzas solares. La Luna es de naturaleza femenina, el Sol es de naturaleza masculina. Cuando los átomos solares y lunares hacen contacto en el triveni, entonces despiertan los fuegos espirituales y se inicia el desarrollo, evolución y progreso del Kundalini.

Las nueve mujeres constituyen la Novena Esfera –el Sexo–, los tres hombres podrían representar a los tres aspectos del Logos o al hombre en sus tres aspectos de cuerpo, alma y espíritu. Cada uno de los tres hombres del triángulo tiene en su mano derecha una caña. Esta caña es la médula espinal. Recordemos que la Jerusalén Santa se mide en una caña. Los tres hombres del triángulo se cargan con la fuerza de la cadena, y la energía crística sube por el canal medular avivando fuegos y despertando los chakras del cuerpo astral.

LITURGIA

El santuario debe estar cuidadosamente arreglado de acuerdo con las leyes del ocultismo. Los aztecas tenían un pozo de agua pura dentro del santuario para que atrajese las fuerzas lunares. Nunca faltaba en el pozo ese animal lunar que se conoce como rana. La rana y el agua atraen las fuerzas lunares. El sistema litúrgico para atraer fuerzas solares es también muy fácil y sencillo. Ellos pintaban en el suelo un círculo de ocho palmos de diámetro; en el centro del círculo encendían el fuego. Cualquier estudiante gnóstico puede hoy en día arreglar su santuario en forma similar. Esto es fácil.

Mantra

Los mantras aztecas de esta cadena son los siguientes:

MANGÜELÉ MANGÜELÁ.

Se debe hacer resonar la letra **U**. Dichos mantras se pronuncian silabeándolos. Es necesario recordar a los estudiantes gnósticos que cada una de estas palabras lleva acento en la última sílaba –MANGÜELÉ MANGÜELÁ–.

Con esta cadena, que se puede hacer en todos los santuarios gnósticos, los varones reciben un gran beneficio. Es claro que los varones del centro se cargan con toda la fuerza de la cadena mágica. En tiempos del México antiguo, cuando los varones salían del rito, andaban por las calles curando a los enfermos; bastaba poner las manos sobre ellos para que sanasen inmediatamente. El hombre, cargado con las fuerzas de semejante cadena maravillosa, puede hacer maravillas y prodigios como los hacían los apóstoles del Gran Maestro Jesús el Cristo.

Las mujeres, cargadas con las fuerzas de esta cadena, también pueden hacer maravillas. Realmente, la cadena de la Novena Esfera es maravillosa. Todo santuario gnóstico puede trabajar con la cadena de la Novena Esfera.

Es asombroso contemplar clarividentemente cómo suben las fuerzas sexuales sublimándose hasta el corazón durante el ritual. Los Iniciados deben estar en profunda meditación interna adorando a nuestro Dios interno. Las palabras mágicas deben pronunciarse con muchísima devoción. Todo el ambiente debe estar lleno de pureza y verdadera oración. Con esta cadena se debe trabajar en los santuarios gnósticos para el desarrollo de los poderes internos del ser humano.

La meditación debe durar una hora. Los mantras se deben pronunciar con verdadero fervor místico, con suprema adoración. La mente se debe dirigir al Dios interno.

Recordemos que nuestros santuarios gnósticos son centros de meditación interna. Hombres y mujeres pueden organizar estas cadenas en todos los santuarios a fin de despertar sus facultades superiores.

—Magia Crística Azteca, capítulo 20—

A medida que se progresa, la magia amorosa se hace innecesaria. Si observa el grabado de este capítulo verá que nueve mujeres sentadas al estilo oriental, abrazándose y con las manos en los riñones de sus compañeras, forman una cadena en medialuna. Tres hombres sentados frente a ellas en triángulo, con las piernas cruzadas, empuñan, cada uno, una caña con la mano derecha.

Esta es una cadena de magia amorosa sin contacto. Las nueve mujeres atraen las fuerzas lunares hacia los riñones de los tres hombres y estos atraen las fuerzas solares hacia los riñones de ellas. Para que estas fuerzas sean más intensas, al lado derecho de la cadena se enciende una lumbre con leña de ahuehuete, y al lado izquierdo de la cadena, en un pequeño pozo lleno con agua fresca y limpia, se echan nueve ranas vivas que no se hayan lastimado al cogerlas.

Todo lo que se hace en el mundo astral se manifiesta en el mundo físico. Esta ceremonia mágica hace que la Serpiente de los aztecas se agite en la médula espinal de los Adeptos, y entonces estos deben vocalizar los mantras **MANGÜELÉ MANGÜELÁ**.

Para vocalizarlos se descomponen en sílabas y se vocalizan tres veces cada uno de ellos. Su tono es el Fa natural que resuena en toda la Naturaleza.

Cargados de fuerzas solares y lunares, los practicantes de este ritual mágico, cuando abandonan el templo, con solo la inefable palabra o imposición de las manos pueden curar cualquier enfermedad y hacer muchos de los llamados milagros.

—Magia Crística Azteca, capítulo 18—

MENTEM SANCTAM SPONTANEAM, HONOREM DEO ET PATRIAE LIBERATIONEM

Para defenderse de los rayos y del fuego, escribid sobre el techo de vuestra casa y en las paredes de las habitaciones las siguientes palabras mágicas: MENTEM SANCTAM SPONTANEAM, HONOREM DEO ET PATRIAE LIBERATIONEM.

—Tratado de Medicina Oculta y Magia Práctica,
capítulo «Conjuros y oraciones de protección»—

MIÑA PICA FRASCO

Es indispensable llevar el cuerpo físico a la Iglesia Gnóstica todos los viernes y domingos en la aurora para recibir en carne y hueso la Santa Unción gnóstica. También podréis llevar el cuerpo físico desde la misma cama sin necesidad de invocarlo desde lejos. Adormeceos vocalizando los siguientes mantras:

MIÑA PICA FRASCO.

Luego levantaos de vuestra cama muy despacio y conservando el sueño. Dad luego un pequeño saltito, y si os veis como regordete y flotáis, entonces salid de vuestra casa y dirigíos hacia la Iglesia Gnóstica.

Las fuerzas del subconsciente entran en actividad durante el sueño, y son precisamente esas poderosas energías las que nos permiten meternos con el cuerpo físico dentro del mundo astral. Esto es lo que se llama estado de Jinas.

—Curso Zodiacal, capítulo 3*—*

El discípulo que quiera viajar en cuerpo físico por el mundo astral debe encantar su cuerpo. Adormézcase el discípulo, pronunciando el mantra: MIÑA PICA FRASCO.

Y luego, saldrá de su cuarto y se dirigirá en carne y hueso a la casa de sus enfermos para medicinarlos. Esto es una especie de sonambulismo voluntario, una modificación del sonambulismo. Lo que se necesita es mucha fe y tenacidad hasta lograr el éxito.

—Tratado de Medicina Oculta y Magia Práctica, capítulo «Mantra para poner el cuerpo físico en estado de jinas»*—*

Los discípulos también pueden aprender a viajar con su cuerpo de carne y hueso en estado de Jinas.

El discípulo se adormecerá un poquito nada más y luego se levantará de su cama como un sonámbulo, conservando el sueño como un tesoro preciosísimo.

Antes de salir de su cama, el discípulo dará un pequeño saltito con la intención de flotar, y si flota en el ambiente circundante es porque su cuerpo físico ya penetró dentro del plano astral.

Ahora el discípulo podrá cargar con su cuerpo físico a los sitios más remotos de la Tierra en pocos instantes.

Cuando Cristo caminaba sobre las aguas iba con su cuerpo físico en estado de Jinas.

Para cargar con el cuerpo físico, con un poquito de sueño y mucha fe es suficiente.

La letra que corresponde al chakra del hígado es la **G**.

El mantra **FE UIN DAGJ** –esta última palabra gutural– sirve para despertar todos los chakras del cuerpo astral.

El mantra **MIÑA PICA FRASCO** sirve para viajar en estado de Jinas de un sitio a otro de la Tierra.

El discípulo se levanta de su cama como un sonámbulo, pronunciando los mantras **MIÑA PICA FRASCO**.

Algunos discípulos aprenden inmediatamente, otros gastan meses y años enteros para aprender.

–Manual de Magia Práctica, capítulo 3–

MOUD MUUD HAMMACA

El Elemental del guásimo está armado de poderosos atributos mágicos. Vive en tattva Tejas como muy distinguido Elemental del Fuego, y así lo pregona la capa que le cae hasta los pies. Los mantras de este Elemental ígneo son:

MOUD MUUD HAMMACA.

Con estas voces mántricas se ordena al Elemental del guásimo trabajar en lo que se desea. El mago cogerá una de las ramas de este árbol después de haberlo bendecido, para trazar con ella el círculo mágico, de acuerdo con lo ya enseñado.

Concluido el ritual, cójase un manojo de hojas y póngase a macerar en una botella con ron por 15 o 20 días. Antes de dar principio al medicamento, hágense pases con la mano derecha sobre los órganos afectados con la intención de coger los fluidos morbosos, los cuales deben echarse en una mochila de lana, pues la lana es un material aislador de gran eficacia. Siete veces debe introducirse la mano en la mochila de lana con la intención indicada. Terminada esta operación, ciérrese la boca de la mochila y órese al Elemental para que cure al enfermo. Esta oración la hará el médico gnóstico de rodillas sobre una piedra, y cuando la petición termine, arrojará la mochila de sus manos con el ánimo ferviente de echar el reumatismo del cuerpo del enfermo.

De la maceración del ron, dese al enfermo una copita cada hora. La curación es rápida.

—Tratado de Medicina Oculta y Magia Práctica,
capítulo «Magia del Guásimo»—

Si se quiere investigar la causa de una enfermedad cuando se sospeche que se deba a hechicería ocasionada por voluntades perversas, se labra un muñeco en hueso de conejo, de venado, de saíno o de tigre. Estos huesos deben haber estado enterrados por algún tiempo, y se desentierran y se hace el muñeco lo más perfecto posible. Hágase luego un altar con un arco de fondo. Utilícese para el arco una rama de totumo silvestre. Para la cruz de altar servirá una rama de guayabo dulce. Colóquense dos floreros y en ellos una rama de la planta llamada trinitaria.

Deberá el enfermo coger personalmente las ramas enumeradas en la siguiente forma ritual: la del totumo y guayabo por el lado del Oriente, y la trinitaria por el Occidente. Los floreros deben ser dos vasos de cristal con agua. Una sola rama de trinitaria, partiéndola en dos, servirá para cada florero.

El altar se hará debajo de un árbol de guásimo. Pronúnciense los mantras del guásimo y ruéguese al Elemental que muestre en el agua de los floreros la enfermedad del paciente. Los mantras del guásimo son: MOUD MUUD HAMMACA.

El mago permanecerá de rodillas frente al altar, y después de hacer sus peticiones al guásimo, solicitará al Ángel Atán que intervenga para que el Elemental mueva el agua y hable a través del muñeco. Téngase la mirada fija en los floreros y obsérvese lo que aparezca en el agua. Si la enfermedad se debe a la magia de voluntades perversas, se verán en el agua las malas entidades, causas de la enfermedad. Vuélvase a rogar al Ángel Atán su asistencia y trátese de escuchar la voz que sale de la figurilla de hueso, esa voz será clara y precisa; háblese con ella como si se tratara de una persona.

La curación del enfermo la hará el Elemental del guásimo. De rodillas frente al enfermo pronúnciense estos mantras de curación: AE GAE GUF - PAN CLARA. Bendígase la espalda del paciente, hágansele pases magnéticos y désele a tomar la medicina del guásimo, que es la maceración de sus hojas en ron, durante 20 días; la dosis de una copita cada hora.

En su novela iniciática de ocultismo y en la obra titulada *Plantas Sagradas*, el Maestro Huiracocha nos habla extensamente sobre estas cosas. No decimos nada nuevo, irreal o ficticio; solamente detallamos, descubrimos lo que se ignora.

—Tratado de Medicina Oculta y Magia Práctica,
capítulo «Terapia Mágica»—

MUERESIRANCA

El discípulo debe de invocar, diariamente, las Siete Potencias con el poderoso mantra MUERESIRANCA, rogándoles que le preparen el cuerpo para el ejercicio de la magia práctica. También debemos ser tenaces y perseverantes año tras año, invocando diariamente a las Siete Potencias para que nos preparen el cuerpo. El cuerpo de un mago tiene una tonalidad vibratoria diferente a la de los demás cuerpos de la especie humana.

Por bueno que sea un instrumento musical, si no está debidamente afinado, el artista no podrá ejecutar con éxito sus melodías. Caso similar sucede con el cuerpo humano del mago. Este debe afinar su maravilloso organismo para poder ejecutar con plenitud de éxito sus grandes trabajos de magia práctica.

—Tratado de Medicina Oculta y Magia Práctica,
capítulo «Magia del Árbol Borrachero»—

NI-NE-NO-NU-NA

Las prácticas con la Runa Not nos llevan al Pranayama, a la sabia e inteligente combinación de átomos solares y lunares.

Inhálese profundamente el aire vital, el prana, la vida, por la fosa nasal derecha y exhálese por la izquierda contando mentalmente hasta doce, y luego inhálese por la izquierda y exhálese por la derecha, y viceversa. Continúese este ejercicio por diez minutos –con los dedos índice y pulgar se controlan las fosas nasales para esta práctica–.

Luego, siéntese el estudiante gnóstico o acuéstese en decúbito dorsal –boca arriba, de espaldas– con el cuerpo relajado, concéntrese y trate de recordar sus vidas pasadas.

En caso de necesitar asistencia de Anubis, si se hace urgente negociar con él, abra los brazos y una vez así forme una Runa abriendo un brazo que forme un ángulo que tenga 135 grados y el otro solo 45. Luego, el brazo que forma el ángulo de 45 pasará a formarlo de 135 y este en sí mismo formará 45.

Durante el ejercicio se cantarán los mantras NI-NE-NO-NU-NA, teniendo la mente concentrada en Anubis, el Jefe del Karma, suplicándole el negocio que deseáis, pidiendo la ayuda urgente.

Observad bien la forma de la Runa Not imitando con los brazos este signo, derecho e izquierdo se alternan en su movimiento.

—*Tratado Esotérico de Magia Rúnica*, capítulo 40—

O

O

El estudiante debe practicar todas las mañanas al amanecer imaginando en el Oriente una gran cruz de oro. Imagine el estudiante que de esa gran cruz salen rayos divinos que llegan al cardias y lo hacen resplandecer y centellear maravillosamente. Esta práctica debe hacerse por una hora diaria a tiempo que se canta el mantra del chakra; este mantra es la vocal O. Hay que prolongar el sonido. Es también necesario identificarse con Vayu, el principio etérico del aire; imaginar que dentro del corazón hay montañas, bosques, huracanes, pájaros que vuelan, etc.

Practicando diariamente la meditación en este chakra por espacio de tres años es claro que se desarrollan los poderes del corazón. Se necesita practicar diariamente sin dejar un solo día; las prácticas inconstantes no sirven para nada.

Conviene también subir a las montañas donde soplan vientos fuertes para meditar en el cardias y en la diosa Kakini. Recordad que los grandes Maestros aprovechan las altas montañas y los fuertes vientos para sacar a sus discípulos en cuerpo astral.

—*Tratado Esotérico de Teúrgia,* capítulo 10—

En el corazón reside el Íntimo. En el corazón está Dios. El que despierta el chakra del corazón adquiere la intuición. El que despierta el chakra del corazón adquiere el poder para conjurar el viento y los huracanes. El que despierta el chakra del corazón aprende a estudiar todas las cosas con el corazón y se vuelve sabio.

Este chakra despierta con la vocal **O**.

ESTUDIO INDIVIDUAL DE LOS CHAKRAS

Su mantra es la vocal **O** con sonido alargado.

Es de mucha importancia que se desarrolle antes de que se enfríe, ya que de lo contrario la persona se convierte en intelectualizadora.

Las personas que meditan en este chakra perciben u oyen el sonido del Anahata, que tiene íntima relación con el Fohat. Este sonido se lo concibe cuando pronunciamos la vocal **O** como un sonido dulce y apacible.

Está controlado por un Ser o Maestro... Un ejercicio para despertar este chakra es la meditación, y se conquista el poder de la intuición. Otro ejercicio que se debe realizar dentro de las 5 y 6 de la mañana es: se relaja, se sienta cómodamente con frente al Oriente, donde visualiza una gran cruz de color dorado que refleja su luz hasta nuestro corazón, y se comienza a vocalizar la **O** pura prolongando el sonido redondeando la boca. Se repite durante diez minutos o más.

La vocalización y la meditación desarrollan y desenvuelven esta Iglesia, santuario del amor. El amor es tan puro como el lucero de la mañana; el amor es universal, impersonal, inefable, desinteresado.

—Manual de Magia Práctica, capítulo 3—

Otras referencias:

—Las Tres Montañas, capítulo 5—

—El Quinto Evangelio, conferencia
«En el principio era el Verbo»—

O AO KAKOF NA KHONSA

Pregunta.- Maestro, ¿qué significa el mantra O AO KAKOF NA KHONSA?

Respuesta-. Bueno, esos son mantras para transmutación, le sirven al hombre y le sirven a la mujer. Se pronuncian:

OOOOO, AAAAAOOOOO, KAAAAAKOFFFFF, NAAAAA-KON-NNNNSAAAAA

OOOOO, AAAAAOOOOO, KAAAAAKOFFFFF, NAAAAA-KON-NNNNSAAAAA

OOOOO, AAAAAOOOOO, KAAAAAKOFFFFF, NAAAAA-KON-NNNNSAAAAA.

Esa vocal O hace vibrar las gónadas masculinas y femeninas y, por lo tanto, produce transmutaciones. Hasta con rayos X se pueden observar las gónadas tanto en el hombre como en la mujer cuando están vocalizando la letra O.

La KA es maravillosa; se forman arcos semejantes a los de los templos de Yucatán vistos astralmente con el sentido de autoobservación psicológica, con clarividencia.

La KOF vuelve a utilizar la K –la de los templos de Yucatán–; KOFFFFF golpea nuevamente a las gónadas para la transmutación.

NAAAAA, que hace vibrar el aliento; KONNNNN, otra vez las gónadas; SAAAAA, el aliento.

Total, que es toda una poderosa maquinaria mágica para hacer subir la energía creadora hacia adentro y hacia arriba. Se vocaliza muy especialmente cuando se trabaja en la Novena Esfera. Aquellos que están trabajando en la Forja de los Cíclopes pueden, durante la cópula química, pronunciar tales mantras. Como secuencia o corolario se realizará en ellos la transmutación sexual, evitarán caerse sexualmente, podrán conjurar el peligro de derramar el Vaso de Hermes Trismegisto, el tres veces grande Dios Ibis de Thot.

—El Quinto Evangelio, conferencia
«Respuestas a los enigmas de las damas gnósticas»–

OH, ANKH AF NA KHONSU

En un Ritual Gnóstico está escrita esta plegaria:

«¡Oh, Isis!, ¡Madre Divina Kundalini!, ¡Serpiente Alada de Luz!, sin ti estaría perdido. Tú eres el secreto gnóstico de mi Ser, el punto céntrico de mi conexión. La alada esfera y el azul del cielo son tuyos.

¡OH, ANKH AF NA KHONSU! ¡OH, ANKH AF NA KHONSU! ¡OH, ANKH AF NA KHONSU!».

Los adoradores del Fuego pueden orar con esta plegaria durante la práctica de la Magia sexual con la sacerdotisa. La letra H, de Hadit, se vocaliza como J, así: Jadit.

Los mantras de esta plegaria tienen el poder de sublimar las energías sexuales, el Hylé de los gnósticos, hasta el corazón.

—El Matrimonio Perfecto, capítulo 28—

«Sé tú, ¡oh, Hadit!, mi secreto, el misterio gnóstico de mi Ser, el punto céntrico de mi conexión, mi corazón mismo, ¡y florece en mis labios fecundos hecho verbo!

Allá arriba, en los Cielos infinitos, en la altura profunda de lo desconocido, el resplandor incesante de Luz es la desnuda belleza de Nut. Ella se inclina, se curva en éxtasis deleitoso, para recibir el ósculo del secreto deseo de Hadit. La alada esfera y el azul del cielo son míos.

¡OH, ANKH AF NA KHONSU! ¡OH, ANKH AF NA KHONSU! ¡OH, ANKH AF NA KHONSU!».

Estos mantras tienen el poder de transmutar nuestra energía sexual en Luz y Fuego dentro del laboratorio alquimista del organismo humano. La oración con sus mantras puede utilizarse en Magia sexual. Tal oración con sus mantras es una clave omnipotente para meditar en nuestra Madre Divina.

El Maestro Huiracocha dijo en su novela *Rosa-Cruz*:

«*Cuando el hombre se une en el acto secreto a la mujer, es un dios, pues en ese momento se convierte en un creador. Los videntes dicen que en el momento preciso del amor, "del espasmo", ven a los dos seres envueltos en una ráfaga de luz brillante; se envuelven en las fuerzas más sutiles y potentes que hay en la Naturaleza. Si saben aprovechar el momento [no eyaculando el Ens-Seminis], si saben retener su vibración, con ella pueden operar como el mago para purificarse y conseguir todo. Si no saben respetar esa luz, los abandonará para recluirse en las corrientes universales, pero dejando tras sí las puertas abiertas, por donde se introduce el mal. El amor se convierte en odio, la ilusión deja lugar para la decepción*».

Con la oración mántrica que enseñamos en esta lección retenemos esa brillante luz cósmica que envuelve a la pareja humana en el instante supremo del amor, a condición de evitar a toda costa la eyaculación del Ens-Seminis. Los mantras de esta invocación tienen el poder de transmutar las energías creadoras en Luz y Fuego.

Los solteros y las solteras pueden transmutar y sublimar sus energías sexuales con esta plegaria y estos mantras hasta llevarlos al corazón. Es urgente sublimar las energías sexuales hasta el corazón. Sabed que en el templo corazón las energías creadoras se mezclan con las fuerzas del Cristo y se elevan a los mundos superiores. En el templo corazón vive el Cristo interno. La cruz de la Iniciación se recibe en el templo corazón. Y esta oración mántrica es también una fórmula de poder sacerdotal que el mago utiliza en sus prácticas de meditación interna para llegar a los pies de su Divina Madre. Si la meditación es perfecta vuestra adorable Madre escuchará vuestro llamado y vendrá a vosotros; entonces podéis platicar con ella cosas inefables del Paraíso.

—Curso Esotérico de Kábala, capítulo 2—

Otras referencias:

—La Revolución de Bel, capítulo 16—

OM

Vamos ahora, mis caros hermanos, al asunto aquel de la intuición. ¿Qué se entiende por «intuir»? Voy a decíroslo: la intuición nos confiere el poder de saber sin necesidad de razonar...En la razón hay un proceso comparativo: esto es blanco porque aquello es negro. En la intuición no hay proceso comparativo. La intuición actúa con el corazón, es una función del corazón. El chakra del corazón nos proporciona la preciosa facultad de la intuición.

El mantra de la intuición es el sagrado OM. Esa sílaba se vocaliza así: OOOOOOOMMMMMMM.

Como veis, la O es la letra principal del centro del corazón.

—El Quinto Evangelio,
conferencia «En el Principio era el Verbo»—

El mantra **OM** tiene el poder de despertar los chakras frontal y cardíaco: clarividencia e intuición. Meditando en el **OM** llegamos a la Iluminación.

Imaginación, inspiración e intuición son los tres caminos obligatorios de la Iniciación.

—Misterios Mayores, capítulo 61—

Este chakra se halla conectado a su maravilloso centro situado entre las dos cejas.

El Maestro que lo dirige es Paramashiva.

El mantra que hace vibrar este chakra es **OM**.

Este chakra tiene dos pétalos. Este maravilloso chakra tiene un purísimo color blanco. El plexo que corresponde a este chakra es el cavernoso.

—Los Misterios del Fuego, capítulo 10—

El gran Maestro Huiracocha enseña una práctica muy sencilla para ver los tattvas —tattva es vibración del Éter—.

El ejercicio es el siguiente: introdúzcase el devoto sus dedos pulgares entre los oídos. Cierre sus ojos y tápeselos con los dedos índices. Tapone su nariz con los dedos medios y, finalmente, selle sus labios con los dedos anular y meñique. En estas condiciones el estudiante debe tratar de ver los tattvas con el sexto sentido. Este ojo se halla entre las dos cejas.

Yogananda, quien da el mismo ejercicio de Krumm Heller, aconseja que se use además el mantra OM. Dice Yogananda que el devoto debe apoyar sus codos sobre unos almohadones. Estos se hallarán sobre una mesa. El devoto, ante la mesa, con la cara hacia el Oriente, hará esta práctica. Yogananda aconseja que la silla donde el devoto se siente para realizar esta práctica debe estar envuelta en un cobertor de lana. Esto nos recuerda a Apolonio de Tiana, quien se envolvía en un manto de lana para aislarse totalmente de las corrientes perturbadoras.

Muchos autores dan este ejercicio, y nosotros lo consideramos muy bueno. Creemos que con esta práctica se desarrollan la clarividencia y el oído mágico.

Al principio, el devoto no verá sino tinieblas. Empero, cuanto más se esfuerce en practicar, su clarividencia y su oído mágico se desarrollarán lenta pero seguramente.

Al principio, el devoto no oirá sino sus sonidos fisiológicos, pero poco a poco escuchará, durante la práctica, sonidos cada vez más y más delicados. Así despertará su oído mágico.

En vez de indigestarse el lector con tantas teorías contradictorias es mejor que practique y desarrolle sus facultades internas. El proceso de regeneración debe marchar íntimamente asociado al ejercitamiento esotérico. Dice la ciencia que órgano que no se usa se atrofia. Es necesario usar estos órganos de la clarividencia y del oído mágico. Es urgente ejercitarnos con estos órganos y regenerarlos para lograr la Realización interna.

—El Matrimonio Perfecto, capítulo 10—

OM HUM

¿Quieres ver tus pasadas existencias en un espejo mágico?

Esto es muy sencillo, voy a darte la siguiente fórmula:

Colocad una vela encendida a la derecha de un espejo, en una posición tal que ilumine el espejo sin reflejar la imagen de la vela, apague todas las demás luces de la habitación.

No pienses en nada, respirad como respiran los niños recién nacidos, poned los dedos índice, medio y pulgar sobre el corazón –dedos de la mano derecha–.

Pronunciad los mantras OM HUM con cada palpitación del corazón. Estas palabras abren el chakra del corazón; allí están las vidas pasadas, ruégale a tu Madre Divina que te muestre en el espejo tus vidas pasadas, con paciencia al fin lo lograrás.

–Tratado de Medicina Oculta y Magia Práctica,
capítulo «Magia de las memorias de la naturaleza»–

Hay algunas prácticas que son atrevidas, eso no se lo niego a ustedes. Y voy a darles una atrevida a ver si ustedes también se vuelven atrevidos y la hacen. A ver, la que les voy a dar es la siguiente:

Colocar un espejo grande enfrente de ustedes. Al lado derecho una vela –o una veladora, para ser más claro–, pero en forma tal que la llama no se refleje en el cristal. Magnetizar el espejo fuertemente. Enseguida, concentrarse en el corazón, sí, en el corazón, profundamente, pronunciando los mantras OM HUM para abrir el chakra del corazón. Rogarle a la Madre Divina Kundalini que lo abra.

Imaginarse, y ese es un trabajo fuerte de imaginación, que en el corazón hay una caverna profunda, una caverna en llamas, una caverna donde existe mucho fuego. Imaginarse que ahí tiene que aparecer la Divina Madre en figura de Serpiente. Pedirle a ella que aparezca, pero pronunciando los mantras OM HUM...

Cerrar los ojos en meditación profunda; poner un poquito de sueño, un poquito, y ese poquito combinarlo con la meditación. Y si así, entre sueños, entre dormidos entre despiertos, logra ver a la Serpiente ahí, entonces, ya vista, pedirle a la Serpiente que en el espejo nos muestre la imagen de nuestra pasada reencarnación, nuestro pasado retorno, de nuestra pasada existencia, para ser más claro.

Dicho esto, concentrarse en ese espejo mirando fijamente sin pestañear, hasta que el espejo como espejo desaparezca. Si logramos que desaparezca mirando sin pestañear, entonces aparecerá otra figura en su reemplazo: la figura de nuestra personalidad en la pasada existencia.

Se necesita más valor, eso es claro. Si seguimos suplicando a la Madre Divina, le rogamos que nos haga ver esa pasada existencia tal como sucedió; si la concentración es buena, podremos llegar a ver realmente la pasada existencia tal como sucedió.

Ese es otro modo maravilloso para llegar a conocer la existencia anterior y las existencias anteriores. Por ese procedimiento no solamente se puede repasar la vida anterior, sino que se pueden repasar todas las vidas anteriores.

—El Quinto Evangelio,
capítulo «Los tres peldaños del Conocimiento Iniciático»—

OM MANI PADME HUM

El mantra para despertar la intuición es **OM MANI PADME HUM**.

Este mantra se vocaliza así:

OM MASI PADME YOM*.

---

* Con respecto a este mantra, el V.M. Samael dijo en una cátedra de Tercera Cámara que el mismo se pronunciaba «OM MASI PADME YOM», pero cuando la persona ya tenía más desarrollada la intuición y más contacto con el Padre. Por esta razón los lamas tibetanos lo pronuncian «OM MANI PADME JUM». Nosotros aconsejamos, por tanto, comenzar pronunciando el mantra al estilo tibetano, es decir: «OM MANI PADME JUM». Más tarde haremos la pronunciación secreta del mantra, es decir: «OM MASI PADME YOM».

La vocalización es letra por letra, así:

OOOOOMMMMM

MAAAAASSSSSIIIII

PAAAAADMMMMMEEEEE

YOOOOOMMMMM.

El significado es «¡oh, mi Dios en mí!».

Se vocalizará este mantra adorando al Íntimo, rindiéndole culto al Íntimo.

—Manual de Magia Práctica, capítulo 3—

El sagrado mantra **OM MANI PADME HUM** equivale a los dioses Sol y Luna –falo-útero–, en los cuales se halla la clave maravillosa del Gran Arcano...

IO. Pitar es el Sol, el falo. Menes o Mani es el útero, la Luna, **OM MANI PADME HUM** es la flor del loto con sus polos masculino y femenino sumergidos entre las aguas genesíacas del primer instante...

—Gran Manifiesto Gnóstico de 1971,
capítulo «El Movimiento Gnóstico»—

Y todo hombre tiene su Íntimo, y todo Íntimo tiene su Padre que lo engendró; ese es nuestro Padre que está en los Cielos.

OM MANI PADME HUM.

Este mantra se pronuncia esotéricamente así:

OM MASI PADME YOM.

Alargando el sonido de cada letra y en forma silabeada.

El significado de este mantra es *«¡oh, mi Dios en mí!».*

Debe vocalizarse este mantra con el corazón en meditación profunda, adorando al Íntimo, amando al Íntimo, rindiéndole culto al Íntimo, porque el Íntimo es en esencia el Alma de nuestro Padre encarnada en nosotros, nuestra Divina Individualidad en la cual necesitamos absorbernos para entrar en esa infinita e indescriptible felicidad del Nirvana, donde ya no hay penas, ni lágrimas, ni dolor.

Nuestro Señor el Cristo nos enseñó a orar así:

«Padrenuestro que estás en los Cielos, santificado sea tu Nombre. Venga a nosotros tu Reino. Hágase tu voluntad así en la Tierra como en los Cielos. El pan nuestro de cada día dánoslo hoy. Perdónanos nuestras deudas así como nosotros también perdonamos a nuestros deudores. Y no nos dejes caer en tentación, mas líbranos de todo mal y de todo peligro. Porque tuyo es el Reino del Poder, de la Gloria y de la Fuerza. Por los siglos de los siglos. AMÉN».

Esta oración se hace en meditación profunda adorando a esa Estrella inefable de la cual salió nuestro Íntimo, y así aprenderemos a hablar con nuestro Padre que está en secreto.

—Curso Zodiacal, capítulo 12—

Todas las enseñanzas del Cristo tienen el gran ritmo musical del plano de las oleadas de vida, que es el mundo búddhico o intuicional. El mantra OM MANI PADME HUM vocalizado diez minutos diarios desarrolla la intuición.

Ese mantra se pronuncia así: OOOOOMMMMM, MAAAAASSSSSIIIII, PAAAAADMMMMMEEEEE, YOOOOOMMMMM.

Este es el mantra de la intuición.

La práctica de las enseñanzas crísticas despierta el chakra del corazón en nosotros y pone en actividad el Cuerpo Búddhico o Intuicional, que nos conduce a la sabiduría y a la felicidad eterna. La Magia sexual forma parte de las enseñanzas que Cristo enseñó en secreto a sus setenta discípulos, y conforme vamos practicando las enseñanzas crísticas, el cuerpo etérico se va reorganizando totalmente aumentando el volumen de los dos éteres superiores; cierto centro que se forma en la cabeza desciende al corazón y organiza este centro para la intuición.

—La Revolución de Bel, capítulo 8—

Pregunta.- Maestro, ¿cuál es el mantra para despertar la intuición?

Respuesta.- El Mantra para despertar la intuición se escribe así: OM MANI PADME HUM, y se pronuncia así: OM MASI PADME YOM. Es decir, silabeando cada letra así: OOOOOMMMMM, MAAAAASSSSSIIIII, PAAAAADMMMMMEEEEE, YOOOOOMMMMM, y significa: «Yo estoy en ti y tú estás en mí. Yo soy la joya de loto y en él permaneceré».

Esta es una plegaria al Íntimo. Él es nuestro Padre que está en secreto, nuestro Espíritu individual, nuestro Real Ser.

En lenguaje cristiano, OM MASI PADME YOM podría expresarse con la séptima frase que pronunció el Maestro en el Gólgota: «¡Padre mío, en tus manos encomiendo mi Espíritu!».

OM MASI PADME YOM se debe pronunciar con el corazón y sumergido en profundo recogimiento, adorando al Íntimo, amando al Íntimo en meditación profunda... Y así despertará la intuición y el cristiano aprenderá a conversar con su Padre que está en secreto.

—El Quinto Evangelio, capítulo
«Interrogantes gnósticas develadas»—

Otras referencias:

—Las Tres Montañas, capítulo 37—

OM SEA FUERZA

[La siguiente oración es un ejemplo del uso de este mantra].
Adorable Logos Samael, bendito Logos Samael, poderoso Logos Samael, hemos venido ante ti para suplicarte que nos envíes un torrente de energía crística que nos ayude a vencer la entropía, la mecanicidad lunar, la pereza, el desánimo, el derrotismo... Conéctanos a tu fuerza marciana y llénanos de anhelos, entusiasmo, fuerza moral y espiritual. Que tu luz guíe nuestros pasos y nos

conduzca por el camino recto. Te lo pedimos en el nombre sagrado del Adi-Buddha Tetragrámmaton...

Glorioso Logos Samael, Dios de la Guerra, te rogamos también que envíes columnas de ángeles que espada en mano corten los hilos tenebrosos que se puedan estar tejiendo contra los hermanos de esta asociación; pedimos protección física e interna contra brujerías, hechicerías, magias negras y malas voluntades. Protégenos de todo mal y de todo peligro... Te lo rogamos en el nombre del Cristo, por la caridad del Cristo, por la sangre del Cristo.

OM SEA FUERZA. OM SEA FUERZA. OM SEA FUERZA.

—Las Cadenas Mágicas—

OM TAT SAT

«OM —'aquello existe'— ha sido declarado como la triple denominación de Brahma, lo Supremo. De esta forma surgieron los brahmanes, los vedas y los jñanas en el remoto pasado. Por eso los que siguen los mandamientos védicos pronuncian OM antes de comenzar sus jñanas o ritos, caridades y austeridades.

Los que buscan el moksha —emancipación espiritual— pronuncian el TAT —'aquello'— antes de hacer sus jñanas o ritos, caridades y austeridades; ellos no desean ningún mérito por estas acciones.

La palabra SAT, ¡oh Partha!, es usada en el sentido de 'la realidad', 'la bondad', y también para los actos auspiciosos».

De manera que vean ustedes: OM TAT SAT es de gran poder, como decir también AUM TAT SAT.

«También se pronuncia la palabra SAT para lograr constancia en el jñana —es decir, en el rito—, en la austeridad, en la caridad y en todos los actos hechos indirectamente por el Señor.

Cualquier acto, ¡oh Partha!, ya sea este el jñana o ritual, la caridad o la austeridad, si se hace sin shraddha –la fe– es considerado como ASAT –'inexistente'–, no ha sido propiamente hecho, y no da fruto aquí ni en el más allá».

–El Quinto Evangelio, capítulo
«Las tres gunas en la materia cósmica»–

OM TAT SAT OM

En nuestro cerebro existe un tejido nervioso sumamente fino y que los hombres de ciencia desconocen totalmente. Dicho tejido es el instrumento para traer nuestros recuerdos internos, pero cuando se presenta algún daño en dicho tejido, el discípulo no puede traer sus recuerdos al cerebro. Entonces hay que solicitar a los Maestros Hermes, o Hipócrates, o Paracelso, la curación de dichos centros.

Escríbase una carta al Templo de Alden solicitando ayuda de cualquiera de los tres Maestros mencionados. Dicha carta se satura primero de incienso y luego se quema con fuego pronunciando los mantras OM TAT SAT OM.

Este acto debe realizarse lleno de fe y estando en posición de rodillas, orando al cielo y rogando ser escuchado.

Ciertamente se quema la parte material de la carta, pero la contraparte astral de esta va directamente a manos del Maestro al cual se haya dirigido la carta. El Maestro lee la contraparte astral de la carta y procede a curar al discípulo.

El Templo de Alden es el Templo de la Ciencia. Los cuerpos internos también enferman y necesitan de médicos.

Los Maestros de la Ciencia son ricos en sabiduría, y ellos curan los cuerpos internos de los Iniciados y de todo el que pida ayuda.

–La Revolución de Bel, capítulo 16–

OMNIS AUM

Cuando haga sus prácticas de meditación concéntrese en el Íntimo, que es usted mismo, y pronuncie con toda reverencia el mantra **OMNIS AUM**.

«Que fue arrebatado al paraíso, donde oyó palabras inefables, que alhombre no le es lícito expresar» –2 Corintios 12:4–.

–Magia Crística Azteca, capítulo 13–

OMNIS BAUN IGNEOS

Kalusuanga, el Dios primitivo de la Luz, alegremente admitirá en sus Misterios a las almas sedientas del Rayo Maya. La clave para entrar en el Templo de Kalusuanga –el Maestro indio– es como sigue:

El discípulo se sentará en un sillón frente a una mesa, apoyará los codos sobre la mesa y sostendrá la cabeza con la mano izquierda, mientras con la derecha se hará pases magnéticos sobre la cabeza, desde la frente hasta la nuca, con el propósito de magnetizarse a sí mismo y arrojar con fuerza –con los pases magnéticos– el cuerpo astral hacia afuera, en dirección al Templo de Buritaca, sede de la Sabiduría antigua del Rayo Maya.

El discípulo unirá su voluntad y su imaginación en vibrante armonía, haciendo esfuerzo por adormecerse. Debe sentirse actuando con su voluntad e imaginación como si estuviese en carne y hueso dentro del Templo de Buritaca.

Con el pensamiento debe pronunciar estos mantras o palabras mágicas: OMNIS BAUN IGNEOS. Estas palabras se pronuncian de seguido, alargando el sonido de las vocales, hasta quedarse dormido.

Después de cierto tiempo de práctica, el discípulo se saldrá del cuerpo físico en su astral, y Kalusuanga, el Maestro sublime del

Rayo Maya, lo instruirá en sus misterios y le enseñará la sabiduría médica.

Kalusuanga prueba primero el valor del invocador, y se aparece gigantesco y terrible para probar al discípulo. Si este fuese valeroso, será instruido en la ciencia sagrada de los Mamas.

—Tratado de Medicina Oculta y Magia Práctica,
capítulo «Introducción»–

Adormeceos pronunciando el mantra **OMNIS BAUN IGNEOS, a**sí:

OMMMMMMNIIIIISSSSS

BAAAAAUUUUUNNNNN

IIIIIGNEEEEEOOOOOSSSSS.

Silabeando el mantra y alargando el sonido de cada vocal, y rogándole al Íntimo vuestro que os saque del cuerpo. Luego levantaos suavemente de vuestro lecho, y flotando en el espacio dirigíos a la Iglesia Gnóstica.

—Curso Zodiacal, capítulo 3–

OMNIS JAUM INTIMO

El mantra **OMNIS JAUM ÍNTIMO** sirve para comunicarnos con el Íntimo.

Este mantra se vocalizará mentalmente.

El discípulo se adormecerá adorando al Íntimo y pronunciando mentalmente el mantra **OMNIS JAUM INTIMO**.

El discípulo podrá conversar con su Íntimo. El Íntimo se le aparecerá al discípulo en visión de sueños.

—Manual de Magia Práctica, capítulo 3–

ON

Acostado en su lecho en decúbito dorsal imagínese, sienta que el Fuego Sagrado del Espíritu Santo desciende desde el cielo y entra en su cabeza por la glándula pineal, pasa al entrecejo y hace girar, de izquierda a derecha, el loto de fuego de su glándula pituitaria. Sienta que ese fuego sigue bajando hasta su laringe donde, de izquierda a derecha, hace girar, como si fuera un disco, el loto de fuego de su glándula tiroides. Sienta que el fuego sigue bajando, llega a su glándula cardíaca, enciende sus doce pétalos color oro gualdo y hace girar, de izquierda a derecha, al loto maravilloso de este centro psíquico suyo. Véase lleno de fuego, luminoso, resplandeciente.

En este estado de Conciencia adormézcase pensando en su Íntimo, en su Dios interno, Quetzalcóatl. Reveréncielo, adórelo y pídale su guía y ayuda. Después vocalice la sílaba **ON**, así:

OOOOOOONNNNNNN.

Pronuncie esta sílaba tres veces y quédese dormido.

—*Magia Crística Azteca*, capítulo 7—

¡Vocalizad intensamente, hermanos! ¡Vocalizad esta letra para que logréis vosotros el despertar de la facultad intuitiva!

Podéis combinar, también, la O con la N, así: OOOOOOONN-NNNNN. Así, entonces, le daréis a la vocal O un sonido acampanado. Esa es la virtud de la N: darle cierto sonido acampanado a las vocales.

Sabed que la imaginación, la oración, la meditación, la contemplación, son los caminos que nos llevan a la intuición. ¡No os canséis, mis caros hermanos, y vocalizad!

—*El Quinto Evangelio*, conferencia
«En el principio era el Verbo»—

ONOS AGNES

Segunda fórmula —secretos mántricos para curar el dolor de muelas—

Se observa a la muela afectada del paciente, haciendo que este distraiga la mirada a otro lugar, pronúnciense los siguientes mantras, a la vez que se hace con la cabeza la señal de la cruz: ONOS AGNES.

Este secreto es efectivo, pues el dolor pasa casi en el acto.

—Tratado de Medicina Oculta y Magia Práctica,
capítulo «Muelas»—

OREMUS PRECEPTIS SALUTARIS MONITIS

Esta espantosa enfermedad es kármica, y se debe a que el paciente en vidas anteriores se dedicó al Espiritismo o Espiritualismo, como se dice aquí en México.

Obviamente fue un médium del Espiritismo. No está de más afirmar en forma enfática que el karma que originan los médiums del Espiritismo es eso que se llama epilepsia.

Obviamente los epilépticos son poseídos por entidades tenebrosas de las regiones inferiores del astral.

Fórmula mágica: sentad al epiléptico en un jardín delicioso y agradable, recitadle luego en el oído las siguientes palabras mágicas: OREMUS PRECEPTIS SALUTARIS MONITIS.

Después oraréis el Padrenuestro, la oración del Señor. Este trabajo se hará diariamente.

—Tratado de Medicina Oculta y Magia Práctica,
capítulo «Epilepsia nerviosa»—

OSI OSOA ASI

Para alejar y encantar a las culebras.

Cántense las palabras mágicas: OSI OSOA ASI.

–Tratado de Medicina Oculta y Magia Práctica,
capítulo «Conjuros y oraciones de protección»–

Efectivamente, el hombre puede dominar, gobernar a la naturaleza con el verbo, con la palabra. Por ejemplo, a las serpientes venenosas se las aleja con los mantras: OSI OSOA ASI.

–Logos, Mantra, Teúrgia, capítulo 8–

Los eremitas gnósticos de la Nevada Sierra jamás mataban a las peligrosas víboras. Ellos aprendieron a amarlas sinceramente...

Como consecuencia de este proceder se ganaron la confianza de las temibles sierpes. Ahora, tales culebras venenosas se han convertido en guardianas del templo...

Cuando estos anacoretas de la montaña querían alejar a las serpientes, cantaban llenos de fe los siguientes mantras:

OSI OSOA ASI.

–Las Tres Montañas, capítulo 19–

Los habitantes de Tierra Llana, estado Zulia, Venezuela, hacen huir a las culebras pronunciando los siguientes mantras:

OSI OSOA ASI.

Las vocales de estos mantras son I, A, O, combinadas con la terrible letra S. Aquí hay sabiduría y el que tenga entendimiento que entienda.

–La Revolución de Bel, capítulo 10–

PADORIA

MARAÑÓN –*Anacardium occidentale*–

El Elemental de este árbol tiene poderes mágicos. Si el mago quiere hacer venir a un amigo distante, o suspender las rencillas de un matrimonio, deberá operar mágicamente en la siguiente forma:

Cogerá entre sus manos la fruta del marañón, diciendo: «A la ayuda de Dios. PADORIA, PADORIA, PADORIA».

Este mantra se pronunciará con voz recia, imperiosa, ordenándole al Elemental de este árbol que trabaje sobre la mente de la persona que se trata de influenciar. Durante esta operación mágica se deberá pinchar con un alfiler la cáscara de la fruta, y el fenómeno se realizará matemáticamente.

Yo conozco a fondo la psicología de ciertos supertrascendidos. Cuando lean estas líneas nos calificarán de Magos Negros, y como a nosotros a todos aquellos que practiquen la magia vegetal y la Elementoterapia. Si a nosotros nos cupiera el calificativo de Magos Negros por el hecho de manipular los elementales de las plantas, ¿qué calificativo se daría a los ángeles por manipular los tattvas por medio de sus poblaciones elementales?

La vida manifestada es la expresión de las esencias monádicas y estas se componen de conciencias focales revestidas con vehículos de distinta densidad. A dichas conciencias focales las llamamos Elementales, hombres, dioses, bestias, ángeles, arcángeles, etc., etc. Cada planta es la expresión física de una Mónada, y estas Mónadas vegetales las llamamos Elementales. ¿A quién se le puede ocurrir pensar que sea malo conocer y manipular la vida de los vegetales? ¿Cuántos estultos, dechados de hipócrita y barata sabiduría, desearán ver siquiera –ya que no podrán ejercer poder sobre ellos– a los Elementales de la Naturaleza?

–*Tratado de Medicina Oculta y Magia Práctica*,
capítulo «Magia del Marañón»–

PAN CLARA

El mantra para curar es el siguiente:

PANNN CLARA

PANNN CLARA

PANNN CLARA.

Con este mantra podéis vosotros hacer curaciones a distancia; no curaciones con remedios de botica; curaciones santas, orando al Padre, orando con fe intensa.

–*El Quinto Evangelio*, conferencia «Didáctica Mántrica»–

PANDER

El Anciano de los Días es la bondad de las bondades, lo oculto de lo oculto, la misericordia absoluta. El mantra **PANDER** nos permite llegar hasta el Anciano de los Días, y esto es posible con la meditación profunda.

—Magia Crística Azteca, capítulo 11—

El mantra PANDER nos permite llegar hasta el Anciano de los Días. Esto es posible con la meditación profunda. En el mundo de Atziluth hay un templo maravilloso donde se nos enseña la majestuosa presencia del Anciano de los Días. El Anciano de los Días mora en el mundo de Kether, el jefe de ese mundo es el Ángel Metratón. Ese Ángel fue el Profeta Enoch. Con su ayuda podemos entrar al mundo de Kether. El discípulo que quiera penetrar en Kether durante sus estados de meditación profunda, rogará al Ángel Metratón y será ayudado.

—Tarot y Kábala, capítulo 49—

PARILLA

MAGIA DEL SASAFRÁS
—Sassafras officinale y Laurus sassafras—

Recuerdo allá por las primeras épocas de la América del Sur, un acontecimiento muy interesante en relación con el sasafrás.

Cierto indígena de la misma tribu a la que yo pertenecía, se llenó de celos por su mujer a la cual él amaba y llegó hasta pensar que yo, Samael Aun Weor, se la estaba quitando. Recuerdo claramente que yendo por un camino me encontré con el marido de esa mujer y él, al verme, lleno de horribles celos, intentó atacarme agresivamente, pero se contuvo; resolvió el hombre poner el caso en manos del cacique de la tribu.

Yo era el médico-mago de la tribu, y por ende conocía a fondo la magia de los vegetales, y en vista del escándalo, opté por defenderme con el Elemental del sasafrás. Antes de que el sol del día siguiente iluminara el horizonte, muy temprano, me dirigí al bosque en compañía de la mujer por cuya causa era el escándalo.

También me acompañaron algunos indios, y después de localizar la planta llamada sasafrás —en la costa atlántica de Colombia, entre Mateo y Moreno—, la bendije, le rogué al Elemental el servicio deseado y arranqué la planta de raíz muy despacio. Esta planta sirve para acabar con escándalos. Luego machaqué la planta y le extraje el zumo, el cual di a beber a la mujer por cuya causa era el escándalo; bebí también de la planta, mientras mis compañeros nos observaban silenciosos...

Enseguida clavé en el tronco del sasafrás una espina, me arrodillé frente a él y concentré la mente intensamente en la espina ordenándole al Elemental del sasafrás trasladarse donde el cacique y dominarlo con sus poderes. Al tiempo que así trabajaba, pronunciaba el mantra o palabra mágica del sasafrás: PARILLA, PARILLA, PARILLA.

Entonces el Elemental del sasafrás se trasladó donde el cacique y dio vueltas alrededor de él, pronunciando sus encantamientos mágicos. Luego penetró en el sistema cerebro-espinal del cacique, lo dominó totalmente y lo saturó con átomos de amor, luz y armonía. Cuando al otro día me presenté ante el trono del cacique, ya este estaba a favor, y entonces hablé en forma arrogante y altanera: «¿Para qué me habéis llamado? Tú no podrás contra mí». El cacique respondió: «Basta de escándalos, podéis retiraros, tú nada debes». Y así fue como pasó aquel penoso incidente.

El Elemental del sasafrás usa túnica de color amarillo oro resplandeciente, es muy inteligente, tiene un rostro hermoso y sus ojos son de color castaño claro.

El sasafrás, mezclado con jugo de la planta llamada sanseviera y bálsamo Fioraventi, se usa en cataplasmas para combatir las neuralgias. El sasafrás es también diurético y depurativo, pero hay que cogerlo en la aurora con el lucero de la mañana, pues esta planta es venusina.

—Tratado de Medicina Oculta y Magia Práctica,
capítulo «Magia del Sasafrás»—

PAS

A los perros furiosos se les ahuyenta con el mantra SUA. También con el mantra PAS.

–Logos, Mantra, Teúrgia, capítulo 13–

PROWEOA

IMAGINACIÓN

Existen dos tipos de imaginación: imaginación mecánica –fantasías– e imaginación consciente –clarividencia–.

Los estudiantes gnósticos deben aprender a utilizar la imaginación consciente.

PRÁCTICA

1º. Sentado en un cómodo sillón o acostado en decúbito dorsal, el discípulo debe aquietar su mente y sus emociones.

2º. Imagine ahora el quetzal maravilloso flotando sobre su cabeza.

3º. Vocalice mentalmente el mantra de poder **PROWEOA**. Con este mantra atraerá a su imaginación la divina imagen del quetzal, espléndida ave de hermoso penacho y de larga cola. El discípulo debe familiarizarse con esa ave y aprenderla a manejar; con ella puede despertar sus poderes internos.

El mantra **PROWEOA**, tan utilizado por las Escuelas de la Gran Cadena de Oro, nos permite traer a la imaginación consciente cualquier imagen de los mundos superiores. Entonces vemos clarividentemente. El alquimista debe utilizar este mantra durante el trance de Magia sexual para ver el quetzal.

–Curso Esotérico de Kábala, capítulo 11–

Este ejercicio faculta para percibir lo existente en los mundos internos, en cualquier plano: físico, astral, mental, etc. Cuando el estudiante necesite percibir clarividentemente algo de urgencia, se sumirá en profunda meditación interna, a la vez que vocalizará este mantra: PROWEOA.

Se hará la vocalización alargando el sonido de cada vocal.

Es necesario que los estudiantes esoteristas aprendan a concentrarse profundamente. Concentración profunda, meditación perfecta y suprema adoración. Esas son las tres escalas de la Iniciación.

La concentración, la meditación, la adoración y los mantras nos convierten en verdaderos Teúrgos.

La concentración, la meditación y la adoración supremas nos llevan al Samadhi.

Hay que saberse concentrar.

Hay que saber meditar.

Hay que saber vocalizar los mantras y hay que saber adorar.

—Logos, Mantra, Teúrgia, capítulo 9—

R

Otro mantra también muy importante para el desarrollo de la clarividencia es la letra R. Lo fundamental es aprender a vocalizar esa letra, dándole una entonación muy aguda, muy fina, imitando la voz de un niño. Así: RRRRRRR.

La voz es muy aguda, ¿verdad?; un sonido demasiado agudo, difícil para nosotros los varones, pero indispensable y necesario para el desarrollo de la clarividencia. Con esa letra despertaréis la clarividencia muy rápidamente.

Podéis, vosotros, vocalizar esos mantras dentro de vuestro propio apartamento, dentro de vuestra recámara. Que veis que alguien os está escuchando, pues hay una manera muy fácil de evitar que lo escuchen a uno cuando está haciendo sus prácticas: poned vuestra radio, sintonizad una estación, pero con volumen alto, y entonces el sonido de la radio evitará que las gentes profanas puedan escucharos. Así hay que hacer en la vida moderna, porque como nosotros vivimos una vida tan artificiosa, no estamos en las épocas aquellas de la India, del Tíbet o de la antigua Jerusalén, en que cada cual podía hacer sus prácticas sin que a los demás les interesara un «comino» lo que uno estaba haciendo. Ahora, hermanos, hay que saber manejarnos lo mejor posible dentro de este ambiente tan rudo en que vivimos...

−El Quinto Evangelio, conferencia
«En el principio era el Verbo»−

RA

La región del Fuego se halla entre el ano y el corazón. Su mantra es RA.

−El Matrimonio Perfecto, capítulo 19−

Aries es el símbolo de Ra, Rama, el Cordero. El poderoso mantra **RA**, cantándolo como es debido, hace vibrar los Fuegos espinales y los siete centros magnéticos de la espina dorsal.

−Tratado Esotérico de Astrología Hermética, capítulo 1−

El mantra RA ayuda a despertar el Kundalini, pero hay que saber cómo, y esto es lo que ignoran los Magos Negros de Amorc. Ellos creen que pronunciando RAMA todas las mañanas estando de pie y haciendo varias aspiraciones de aire, van a purificarse, y con ello demuestran desconocer por completo la sabiduría de los egipcios.

Nosotros, los antiguos egipcios, pronunciamos el mantra RA en la posición egipcia: las rodillas en tierra, las palmas de la mano tocándose con los pulgares en tierra y la cabeza sobre el dorso de las manos. Se pronuncia el mantra así: RRRRRRRAAAAAAA, por varias veces.

−La Revolución de Bel, capítulo 15−

El devoto se levantará de su silla y se arrodillará en tierra.

Colocará ahora las palmas de la mano en el suelo tocándose entre sí los dedos pulgares*.

Inclinado hacia adelante, postrado en tierra, lleno de suprema veneración, con la cabeza hacia el Oriente, apoyará su frente sobre el dorso de las manos al estilo egipcio.

Vocalizará ahora el devoto con su laringe creadora el poderoso mantra RA de los egipcios. Ese mantra se vocaliza alargando el sonido de las dos letras que componen el mantra RA, así: RRRRRRRAAAAAAA. Vocalícese siete veces consecutivas.

—El Libro Amarillo, capítulo 8—

RA-RE-RI-RO-RU

Los mantras fundamentales de la Runa Rita son:

RA-RE-RI-RO-RU.

En la Runa «F» hubimos de levantar los brazos. En la «U» abrimos las piernas. En la «D» pusimos una mano en la cintura. En la «O» las piernas abiertas y las manos en la cintura. En la presente Runa Rita debemos abrir una pierna y un brazo. Así, en esta posición, verán nuestros estudiantes gnósticos que son ellos, en sí mismos, las mismas letras rúnicas, tal como se escriben.

La presente práctica rúnica tiene el poder de liberar el juicio interno. Necesitamos convertirnos en Jueces de Conciencia; es urgente despertar el Buddhata, el Alma.

La presente Runa tiene el poder de despertar la Conciencia de los Jueces.

Recordemos eso que se llama «remordimiento», ciertamente esa es la voz acusadora de la Conciencia.

Aquellos que jamás sienten remordimiento están de verdad muy lejos de su Juez Interior; por lo común son casos perdidos.

---

* Las palmas se colocan formando un triángulo con los dedos índices y pulgares.

Gentes así deben trabajar muy intensamente con la Runa Rita, liberar su Juicio Interior.

Necesitamos con urgencia aprender a guiarnos por la Voz del Silencio, es decir, por el Juez íntimo.

—Tratado Esotérico de Magia Rúnica, capítulo 31—

RAM IO

Jesús de Nazaret rechazó al Jehová aquel antropomórfico de los judíos, a ese Jehová bíblico, al de la Ley del Talión, al de la venganza.

Jesús de Nazaret amó a su Padre que está en secreto y a su Divina Madre Kundalini. Al pie de la cruz le vemos clamando al Padre. Vemos al Divino Rabí de Galilea, y a ella al pie de la cruz; y él crucificado en su cruz, exclamando con gran voz: *«¡Padre, en tus manos encomiendo mi Espíritu!».*

Su Madre Divina Kundalini está al pie; ella le asiste en todo instante; ella es **RAM IO**.

RAM es un mantra, el mantra del Fuego, el mantra del tattva Tejas. **IO** nos recuerda a los Misterios Isíacos, **IO** es el punto dentro del círculo, es el lingam-yoni.

—El Quinto Evangelio,
conferencia «Culto Gnóstico al Agnosthos Theos»—

Amando a nuestra Madre Divina y pensando en ese gran vientre donde se gestan los mundos, oremos diariamente así:

«Dentro de mi Real Ser Interno reside la Luz Divina. RAAAAAMMMMM-IIIIIOOOOO es la Madre de mi Ser, Devi Kundalini. RAAAAAMMMMM-IIIIIOOOOO, ayudadme, RAAAAAMM-MMM-IIIIIOOOOO, socorredme, iluminadme.

RAAAAAMMMMM-IIIIIOOOOO es mi Madre Divina, Isis mía, tú tienes al niño Horus, mi verdadero Ser, en tus brazos; necesito morir en mí mismo para que mi Esencia se pierda en Él... Él... Él...».

INDICACIÓN:

Esta oración se hace ante el Sol y con las manos levantadas; las piernas deben estar abiertas y el cuerpo agachado, aguardando recibir Luz y más Luz.

Nota. Advertimos que en esta Runa el cuerpo debe conformar la letra U invertida: las piernas abiertas, el cuerpo inclinado 90º, los brazos extendidos hacia abajo y las palmas de las manos levantadas de forma que miren al suelo.

—Tratado Esotérico de Magia Rúnica, capítulo 22—

RAM SUA

El Manipura es el tercer chakra de nuestra médula espinal. Este chakra de la médula espinal reside en el Labhi Sthana —región del ombligo—. Cuando este chakra despierta hace entrar en actividad los plexos hepático y esplénico.

Diez yogas nadis emanan de este chakra. El color de este chakra es de fuego resplandeciente.

El tattva Tejas está íntimamente relacionado con este chakra maravilloso.

La deidad rectora de este chakra es Vishnú, y la diosa Lakshmi se halla íntimamente relacionada con este maravilloso chakra.

El mantra RAM despierta este maravilloso chakra. Se alargará el sonido de cada vocal, así: RRRRRAAAAAMMMMM.

Nuestros discípulos pueden invocar al dios Agni para que les ayude a despertar este Fuego maravilloso.

El dios Agni tiene la forma de un niño recién nacido, y cuando se presenta vestido de gala lleva una túnica cristalina adornada maravillosamente. Entonces vemos el rostro de este ser portentoso como un relámpago inefable.

El aura de Agni produce luz y música. Agni, el dios del Fuego, restaura los poderes ígneos de cada uno de nuestros siete cuerpos.

El mantra SUA se pronuncia así: SSSSSUUUUUAAAAA –SUA–.

El yogui que aprende a meditar en este chakra alcanza el Patala-Siddhi, adquiere grandes poderes ocultos y se libra de toda clase de enfermedades.

Este chakra es el centro telepático o cerebro de emociones.

Las ondas mentales de las personas que piensan en nosotros llegan al plexo solar, y luego pasan a nuestro cerebro. Así pues, es nuestra antena receptora.

Nuestra glándula pineal es nuestro centro emisor.

Este chakra recoge las fuerzas solares, y con ellas nutre a todos los plexos.

El yogui que despierta este chakra adquiere el sentido de la telepatía.

El yogui que despierta este chakra no temerá el fuego y podrá permanecer vivo entre las llamas.

–Los Misterios del Fuego, capítulo 7–

Otras referencias:

–Misterios Mayas, capítulo 11–

RAOM GAOM

El estudiante puede utilizar, combinándolos con el ejercicio retrospectivo, los siguientes mantras: RAOM GAOM, que se vocalizarán así: RAAAAAOOOOOMMMMM, GAAAAAOOOOOMMMMM.

Estos mantras se vocalizarán mentalmente. Cuando el estudiante haya revisado su vida actual hasta su nacimiento, estará preparado para dar el salto hacia recuerdos del último instante de su pasada reencarnación. Claro que esto implica un esfuerzo más, así como un mayor gasto de energía. Entonces el estudiante combinará el sueño con el ejercicio retrospectivo y con los mantras, y tratará de revivir, con el recuerdo en la memoria, el último instante de aquella reencarnación, el penúltimo, la vejez, la madurez, la juventud, la adolescencia, la niñez. ¡Confíe en que lo logrará! Durante estas prácticas se produce el desdoblamiento astral.

El estudiante que haya sido capaz de revivir sus pasadas reencarnaciones, queda recibido como clarividente, y desde ese momento estará en aptitud de estudiar, en la memoria de la naturaleza, la historia completa de la Tierra y de sus Razas.

Este ejercicio retrospectivo hace girar el chakra frontal.

—Logos, Mantra, Teúrgia, capítulo 9—

MAGIA ELEMENTAL DE LA MENTA *—Mentha piperita—*

Las jerarquías relacionadas con la hierbabuena de menta dirigen científicamente y de acuerdo con la justicia cósmica todos los procesos biológicos de la reproducción de la raza.

Los ángeles gobernadores de este departamento elemental de la Naturaleza nos conducen sabiamente por el estrecho pasaje de los Templos de Misterios, llevándonos hasta el altar de la Iluminación.

La hierbabuena de menta está íntimamente relacionada con los Archivos Akáshicos de la Naturaleza.

Los mantras de la hierbabuena de menta nos permiten recordar nuestras pasadas reencarnaciones.

Estos mantras son RAOM GAOM. Podéis vocalizar estos mantras mentalmente durante los ejercicios retrospectivos, en meditación profunda, para recordar vuestras vidas pasadas.

Los mantras RAOM GAOM nos permiten abrir los archivos sellados de la memoria de la Naturaleza para recordar todas nuestras pasadas reencarnaciones.

Esta es la magia elemental de la hierbabuena de menta.

—Rosa Ígnea, capítulo 15—

De nada sirve decirle a una persona sus vidas pasadas; en la práctica me he dado cuenta de que es absurdo. Lo que sirve verdaderamente es que cada uno recuerde sus existencias pasadas, y hay que empezar por la pasada existencia.

Acuéstense ustedes cómodamente en sus camas con los brazos bien relajados, las piernas bien relajadas, con su cuerpo suelto, relajado, y enseguida concéntrense en el último instante de su pasada existencia, en el último segundo. Hagan este ejercicio en momentos en que se sientan con más predisposición al sueño. Puede utilizar como mantras **RAOM GAOM**.

Pero, como les digo, hay que hacer el ejercicio en instantes en que se sientan con más predisposición al sueño. La concentración debe ser muy profunda en el último instante de su pasada existencia. Puede que en ese instante logre quedarse el cuerpo físico dormido, pero ustedes, en ese instante, lograrán verse en el lecho de muerte rodeados de sus familiares; volverán a sentir las misma palabras que dijeron, etc., etc., etc. Entonces habrán recordado el último instante de su pasada existencia.

Otro día cualquiera hacen el mismo ejercicio para recordar el penúltimo instante. Ustedes podrán ver el penúltimo instante, y así van hacia atrás, en cada ejercicio, tratando de recordar la pasada existencia. En forma de cuadritos, de escenas, de sucesos, van viviendo los recuerdos de la pasada existencia, hasta que completen todo el recuerdo de la misma.

Una vez completado todo el recuerdo de la pasada existencia —hacía atrás, desde la vejez a la madurez, la juventud, la niñez y el nacimiento—, entonces pueden seguir con la penúltima existencia;

luego con la antepenúltima, y así pueden ir recordando sus existencias hacia atrás hasta que las recuerden todas.

Los mantras son: **RAOM GAOM**.

Eso sí vale la pena, que uno recuerde por sí mismo, directamente; que se haga consciente de sus existencias anteriores, y no que otro se lo venga a decir.

–El Quinto Evangelio,
conferencia «Postulados herméticos develados»–

Al despertar del sueño normal, todo estudiante gnóstico debe hacer un ejercicio retrospectivo sobre el proceso del sueño, para recordar todos aquellos lugares donde estuvo de visita durante las horas del sueño. Ya sabemos que el Ego viaja mucho en el astral, por eso se hace necesario recordar al despertar del sueño normal dónde estuvimos y todo aquello que vimos y oímos. Los Maestros instruyen a los discípulos cuando están fuera del cuerpo físico.

Es urgente saber meditar profundamente y, luego, practicar aquello que aprendemos durante las horas del sueño. Es necesario no movernos a tiempo del despertar porque con ese movimiento se agita el astral y se pierden los recuerdos. Es urgente combinar los ejercicios retrospectivos con los siguientes mantras: RAOM GAOM.

Cada palabra se divide en dos sílabas. Debe acentuarse la vocal O. Estos mantras son para el estudiante lo que la dinamita para el minero. Así como el minero se abre paso por entre las entrañas de la tierra con ayuda de la dinamita, así también el estudiante se abrirá paso hacia las memorias del subconsciente con ayuda de estos mantras.

–El Matrimonio Perfecto, capítulo 16–

RIS

El mantra **RIS** se usa también para la clarividencia.

Ese mantra se vocaliza así:

RRRRRIIIIISSSSS.

–*Manual de Magia Práctica*, capítulo 2–

ROTANDO

La Venerable Logia Blanca entrega a la humanidad, por mi conducto, en forma absolutamente gratuita, la fórmula infalible para curar el cáncer. Aún mejor, desprecia el inmundo dinero y rechaza, por lo mismo, la retribución ofrecida. La fórmula es a saber:

En un calabacito amargo, fruto del mate con su pulpa –árbol de climas cálidos de Colombia–, muy usados por los campesinos como utensilios de cocina, se echa ron –bebida alcohólica–, carbón mineral, paraguay –planta de climas medios llamada también escudilla, parecida al paico– y limón. Todo esto se deja en maceración por unos quince días y luego se toma por copitas, una cada hora.

Báñese el cuerpo con el cocimiento de las hojas y raíces del árbol llamado albaricoque. En el momento de tomarse la medicina y el baño, pronúnciese el mantra ROTANDO, así:

ROOOOOTAAAAANNNNNDOOOOO.

Antes de coger las plantas que entran en la composición de esta fórmula, camínese en círculo de derecha a izquierda, de Sur a Norte, alrededor de cada una de ellas, y mientras esto se hace se ruega a los elementales la curación del cáncer.

A continuación se acarician las plantas, se bendicen y se cogen. Cuando se juntan los componentes dentro del calabacito amargo se pronunciará la palabra ROTANDO, tal como ya lo explicamos, y se ordenará a los elementales de estas plantas con todo el poder de la voluntad que sanen al enfermo.

Los elementales son la vida del vegetal, y solo la vida puede luchar contra la enfermedad y la muerte. La fuerza seminal de las plantas es el instrumento de los elementales.

—Tratado de Medicina Oculta y Magia Práctica, capítulo «Cáncer»*—*

RUSTI

Acuéstese el discípulo en su lecho en posición horizontal. Relaje su cuerpo para que ningún músculo haga presión sobre el cuerpo astral. Adormézcase pronunciando el mantra **RUSTI**, así:

RUUUUUSSSSSTIIIII.

Este mantra se pronuncia mentalmente. El discípulo debe convertirse en esos instantes en un espía de su propio sueño.

Cuando el discípulo se halle ya en ese estado de sopor o somnolencia que precede al sueño levántese de su cama y salga de su cuarto. No se preocupe el estudiante por su cuerpo físico en esos momentos; levántese de su cama y salga de su cuarto. ¿Cómo? ¿De qué manera? Casi todos los estudiantes suponen que se trata de una práctica de magnetismo o de autosugestión, etc., pero se equivocan lamentablemente, pues aquí no se trata de practicar autosugestiones o hipnotismos; sencillamente levantarse de su cama, que la naturaleza hará lo demás. Ella sabrá cómo va a separar el cuerpo astral del cuerpo físico. Al discípulo solo le cabe levantarse y salir de su cuarto, que la naturaleza hará lo demás.

Ya fuera de su cuarto, el discípulo dará un pequeño saltito con la intención de flotar en el espacio, y si flota podrá entonces transportarse a la Iglesia Gnóstica en pocos segundos. Mas si no flotare métase nuevamente el discípulo en su lecho y repita el experimento. Algunos triunfan inmediatamente, otros tardan meses y hasta años para aprender. Pero el tenaz al fin triunfa.

—Curso Zodiacal, capítulo 3*—*

El procedimiento gnóstico para salir en cuerpo astral es muy sencillo.

El gnóstico aprovecha el estado natural de transición entre la vigilia y el sueño para salirse del cuerpo con tanta naturalidad como cuando se sale de su casa. Le basta pronunciar el mantra RUSTI en el momento de estarse adormeciendo y luego se va bajando de su cama, no con la mente ni con la imaginación, sino como si fuera en carne y hueso. El cuerpo queda entre la cama. El mantra se pronuncia así: RUUUUUSSSSSTIIIII, por varias veces.

—*La Revolución de Bel*, capítulo 15—

S

MAGIA DEL GUASGUIN –*Pentacalia ledifolia*–
PARA RECONCILIARNOS CON UN ENEMIGO

Esta planta se coge durante el día. Se le hace el círculo por encima de la planta con una vara. Se pronuncia la letra S en la siguiente forma: SSSSSSS.

Se le pone la queja al Elemental del árbol, y luego se le ordena al Elemental del guasguin trasportarse donde nuestro enemigo y aplacarle su ira. El resultado es siempre asombroso.

Si le ordenamos al Elemental trasladarse donde algún demente y permanecer en el ambiente de ese demente para sanarlo, el Elemental obedecerá y el demente sanará.

–*Tratado de Medicina Oculta y Magia Práctica*,

capítulo «Magia del Guasguin»–

Sellad siempre todos vuestros trabajos mágicos, invocaciones, plegarias, Cadenas de curación, etc., con esta Runa; trazad con la mano –el dedo índice extendido– el zigzag del rayo, a tiempo que hacéis resonar la letra SSSSSSS como un silbo dulce y apacible.

–Tratado Esotérico de Magia Rúnica, capítulo 13–

S, el silbo dulce y apacible que Elías escuchara en el desierto y que Apolonio utilizara para abandonar a voluntad el cuerpo físico, es profundamente significativo.

Bien sabemos que Apolonio se envolvía con un manto de lana para practicar.

Sentado, se concentraba en el ombligo. Rogaba a su Dios le enviara la S, el silbo dulce y apacible, la sutil voz.

Cuando ya escuchaba ese sonido que el grillo produce, abandonaba a voluntad el cuerpo físico.

Ese fino sonido vibra en el cerebelo, en la cabeza.

Para escuchar la sutil voz se necesita quietud y silencio mental.

S es el rayo, el Fuego, y sin O, –*Origo*, Principio o Espíritu–, sería imposible, porque S es O, Espíritu.

S, Fuego, es también O, *Origo*, el Principio, Espíritu.

–Pistis Sophia develada, capítulo 62–

La S, como mantra, nos permite salir de nuestra cueva –el centro físico– y entrar en el monte –el plano astral–.

La vocal S es un mantra para salir en cuerpo astral.

Adormézcase el discípulo haciendo resonar con sus labios el sonido dulce y apacible de la S, y cuando ya se halle en ese estado de transición al sueño levántese de su cama y salga de su cuarto en dirección a la Iglesia Gnóstica.

Allí nosotros le enseñaremos e instruiremos en la Sabiduría divina. Empero debemos aclarar a nuestros discípulos que esta explicación que acabamos de dar debe traducirse en acción inmediata. Debe el estudiante levantarse de su lecho con tanta naturalidad como lo haría un niño que no supiera ocultismo. No es práctica mental, y debe traducirse en hechos concretos, como cuando se levanta uno por la mañana a tomar el desayuno.

La vocal S tiene un poder terrible.

La vocal S es la Runa Sig, y cuando la vocalizamos se producen rayos en la atmósfera interna que tienen el poder de despertar el Kundalini.

El órgano sexual de la futura humanidad divina será la laringe creadora. La garganta es un útero donde se gesta la palabra.

El Kundalini le da a la laringe todo el poder omnipotente del verbo creador.

Lo importante es aprender a manejar el principio femenino de las fuerzas solares. Las fuerzas solares femeninas están simbolizadas por un águila con cabeza de mujer.

La Magia sexual es el camino...

Debemos realizar en nosotros al Cristo para parlar el Verbo creador, empero esto solamente es posible aprendiendo a manipular el principio femenino del sol...

—Rosa Ígnea, capítulo 31—

Se puede adormecer el estudiante vocalizando la letra S, como un silbo dulce y apacible: SSSSSSS.

Con la vocalización de esta letra, adquirirá la capacidad de hacer resonar en su cerebro la sutil voz, el sonido Anahat, a voluntad, el cual le permitirá salir conscientemente en cuerpo astral.

—Logos, Mantra, Teúrgia, capítulo 8—

Este chakra ejerce completo control sobre el plexo cardíaco. Su color es de fuego vivo.

Dentro de este maravilloso chakra existe, realmente, un hexagonal espacio del color del azabache.

Este chakra se halla íntimamente relacionado con el tattva Vayu.

La deidad rectora de este chakra es Isha, y con la Devata Kakini rigen y gobiernan este chakra.

El Lingha-Bana se halla íntimamente relacionado con el Anahata.

El chakra Muladhara está íntimamente relacionado con el Lingha-Swayambhu.

El sonido Anahat, o el sonido de Shabda-Brahman, resuena en este maravilloso chakra del nadi Sushumna. Este sonido maravilloso es el sonido del Fohat. El sonido del Fohat es la S, que se vocaliza así: SSSSSS, como un silbido dulce y apacible.

El yogui que aprende a meditar en este chakra se hará amo absoluto del tattva Vayu, y podrá disipar los huracanes y gobernar los vientos a voluntad.

Algunos yoguis dicen que meditando en este chakra puede el yogui flotar en el aire e introducirse en el cuerpo de otro.

Indudablemente, flotar en el aire o meterse en el cuerpo de otra persona lo puede hacer cualquiera, aunque hasta ahora sea un principiante en estos estudios. Flotar en el aire es más fácil que tomarse uno un vaso de agua. El secreto es muy sencillo: bastará que el discípulo aprenda a meterse con su cuerpo físico en el plano astral.

—Los Misterios del Fuego, capítulo 8—

Todos aquellos que estén trabajando con el Kundalini no deben olvidar la letra S.

Sabed, amados, que la letra S tiene el poder de transmutar el licor seminal en distintos valores energéticos. El licor seminal debe transmutarse en siete tipos de energía escalonada, los Siete

Grados de Poder del Fuego. La letra S debe hacerse resonar como un silbo muy fino y apacible. Se aprietan los dientes de arriba con los de abajo para dar ese silbo finísimo y muy delicado. Esa es la sutil voz que el yogui debe aprender a entonar y manejar.

[...]

La Kriya de Babaji, el Cristo yogui de la India, enseña el poder de la letra S –el silbo dulce y apacible–. Detrás del silbo muy fino que el yogui sabe producir con su boca está la sutil voz, un silbo aún mucho más fino que cuando resuena en el cerebelo confiere al yogui el poder de salir instantáneamente en cuerpo astral.

Todos aquellos devotos que estén trabajando con el Kundalini no deben dejar de practicar con la letra S. La S entonada así: SSSSSS, como un silbo muy fino, transmuta el licor seminal en el Fuego Sagrado del Kundalini.

El canto mántrico del Ángel Aroch y el silbo dulce y apacible son urgentes para despertar el Kundalini.

–*El Libro Amarillo*, capítulo 4–

Otras referencias:

–*Misterios Mayas*, capítulo 11–

S M HON

El cuerpo mental es un organismo material que tiene su anatomía y su ultrafisiología oculta.

El mantra para curar las enfermedades del cuerpo mental es: S M HON.

La S se pronuncia con un sonido silbante, agudo, semejante al que producen los frenos del aire comprimido, así: SSSSS.

La M se pronuncia como imitando el mugido del buey: MM-MMM.

La H es como un suspiro hondo. La sílaba ON se pronuncia alargando el sonido de la O y de la N, así: OOOOONNNNN.

Este mantra se pronuncia por una hora diaria. El discípulo deberá invocar diariamente al Arcángel Raphael y a Hermes Trismegisto solicitando la curación del cuerpo mental. Cuando las enfermedades del cuerpo mental cristalizan en el cerebro físico, entonces se produce la locura.

Nosotros estudiamos en los mundos suprasensibles la anatomía y fisiología de los cuerpos internos del hombre.

–Tratado de Medicina Oculta y Magia Práctica,
capítulo «Enfermedades del Cuerpo Mental»–

SAL TUL UL

Aclaración:

SAL TUL UL. Estos mantras solo en sacra reunión producen sus resultados.

–Gran manifiesto Gnóstico de 1971,
capítulo «Las Tres Cámaras»–

Otras referencias:

–Gran Manifiesto Gnóstico de 1972,
capítulo «Las Tres Cámaras»–

SANA

Hay que rogarle y suplicarle intensamente a la Madre Divina para que ella suplique y ruegue a su Divino Esposo que nos cure, nos aliente de cualquier enfermedad o dolencia que nos aqueje; entonces ella se concentrará en el Logos, su Esposo, el Archihierofante o Archimago, como se le llama, para que venga y le sane tal o cual órgano enfermo que nos impida dar rendimiento. En tales momentos debe uno identificarse con el Logos, con el Espíritu Santo, y en forma tremenda, imperiosa, ordenarle al órgano que está enfermo, diciéndole: «**SANA, SANA, SANA**; **TRABAJA, TRABAJA, TRABAJA**». Con fe verdadera, con energía, con coraje, hablarle a ese órgano, pues tiene que sanar forzosamente.

Hay que concentrarse decididamente en cada célula del órgano que está enfermo, en cada átomo, en cada molécula, en cada electrón del órgano enfermo, ordenándole que trabaje, que se sane, que se cure, y profundamente concentrado en el Logos, plenamente identificado con el Espíritu Santo, que en esos momentos está haciendo la curación, sanando el órgano enfermo; así ese órgano tendrá que sanar, tendrá que curarse, eso es obvio.

—El Quinto Evangelio,
conferencia «Ritos prodigiosos de Lamasería tibetana»—

SENOSAN E GORORA GOBERDON

Un gran amigo nuestro, quien se dedica a la astrología científica, nos narraba cierto día el caso de un hombre que, cuando era puesto en prisión, desaparecía misteriosamente burlando la vigilancia de sus guardianes. ¡Era inútil encerrarlo en prisión! Y resultaba inútil sujetarlo con cadenas, porque siempre se libraba de ellas y... ¡desaparecía!

Este hombre trabó amistad con el astrólogo, y al fin no tuvo inconveniente en revelar a este la clave respectiva, el valioso secreto. Veámoslo:

Sobre un pan grande se escriben los siguientes mantras:

SENOSAN E GORORA GOBERDON.

Luego, el estudiante se come el pan. Tienen que escribirse estas palabras mántricas dispuestas en forma de cruz, con lápiz o con tinta, etc.

La distribución dicha quedará así: en posición horizontal: SE-NOSAN E GORORA, y verticalmente: GOBERDON; estas, de arriba

hacia abajo, y pasando perpendicularmente por el espacio que dejan entre sí las dos primeras palabras sagradas.

—Logos, Mantra, Teúrgia, capítulo 5–

Los grandes Iniciados mayas viven dentro de la cuarta vertical o cuarta dimensión. Allí tienen sus templos y ciudades maravillosas. Si queremos investigar esto, aquí está la clave precisa para hacerlo. En un pan grande se escribe el siguiente mantra: SENOSAN E GORORA GOBERDON, tal como aparece escrito abajo:

G

O

B

SENOSAN E GORORA

R

D

O

N

Luego se come el pan. Las palabras mántricas se escriben en cruz, con lápiz o tinta.

Cuando investigamos esta clave en los mundos superiores para conocer el valor científico y esotérico de dicha clave, obtuvimos lo siguiente:

Los hermanos investigadores, en grupo, nos adormecimos vocalizando el mantra y el resultado fue sorprendente. Cuando abandonamos el cuerpo físico y entramos al astral, vimos entonces el mar.

Un terrible Dios del mar hizo estremecer hasta las profundidades, tanto que en el mar se formaron ondas etéricas que, girando concéntricamente, amenazaban con precipitarse hacia donde nosotros estábamos.

Aquel Dios terrible había provocado el torbellino eléctrico, el huracán etérico, la fuerza pavorosa para precipitarse al lugar donde habíamos dejado el cuerpo físico.

Cuando nosotros pronunciamos el mantra SENOSAN E GO-RORA GOBERDON, ese Dios inefable concurre a nuestro llamado y sumerge nuestro cuerpo físico dentro de la cuarta dimensión.

–Misterios Mayas, capítulo 14–

SILBO E R S

Después que hube comprendido a fondo todos estos procesos de la humana psiquis, el abate en los mundos superiores hízome entrega de la parte segunda de la clave regia.

Ciertamente fue esta una serie de mántricos sonidos con los cuales puede uno en forma consciente y positiva realizar la proyección del Eidolón.

Para bien de nuestros estudiantes gnósticos, conviene establecer en forma didáctica la sucesión inteligente de estos mágicos sonidos.

a. – Un silbo largo y delicado semejante al de un ave.

b. – Entonación de la vocal E –EEEEEE– alargando el sonido con la nota Re de la escala musical.

c. – Cantar la R haciéndola resonar con el Si musical imitando la voz del niño en forma aguda, algo semejante al sonido agudo de un molinillo o motor demasiado fino y sutil –RRRRRRR–.

d. – Hacer resonar la S en forma muy delicada como un silbo dulce y apacible, –SSSSSSS–.

Aclaración: el punto «a» es un silbo real y efectivo. El punto «d» es solo semejante a un silbo...

Asana

Acuéstese el estudiante gnóstico en la posición de hombre muerto: decúbito dorsal –boca arriba–.

Ábranse las puntas de los pies en forma de abanicos tocándose por los talones, los brazos a lo largo del cuerpo, todo el vehículo físico bien relajado; adormecido el devoto en profunda meditación, cantará muchas veces los mágicos sonidos.

Elementales

Estos mantras se encuentran íntimamente relacionados con el departamento elemental de las aves, y es ostensible que estas últimas asistirán al devoto ayudándole efectivamente en el trabajo de desdoblamiento.

–El Misterio del Áureo Florecer, capítulo 17–

SOLIN SALA RA

Nota. En ningún libro del V.M. Samael Aun Weor se encuentra este mantra, mas sin embargo los estudiantes que estuvieron con el Maestro aseguran que lo entregó en una liturgia antigua y que es un mantra para invocar a los extraterrestres.

–Tradiciones de los estudiantes de Gnosis–

SOLU SIGI SIG

El nombre esotérico del Kundalini es **SOLU SIGI SIG**.

Este es también el nombre del Sol central.

Puede vocalizarse cada una de estas letras en el siguiente orden:

SSSSSOOOOOLLLLLUUUUU

SSSSSIIIIIGGGGGIIIII

SSSSSIIIIIGGGGG.

Se vocalizará letra por letra, alargando el sonido de cada letra tal como aquí lo acabamos de indicar.

Lo importante es prolongar el sonido de cada vocal. La vocal **S** es como un silbido dulce y apacible. Ya la Biblia nos habla de ese silbido dulce y apacible en los siguientes versículos:

«Y él le dijo: Sal fuera y ponte en el monte delante de Jehová. Y he aquí Jehová que pasaba, y un grande y poderoso viento que rompía los montes y quebraba las peñas delante de Jehová, mas Jehová no estaba en el viento. Y tras el viento un terremoto, mas Jehová no estaba en el terremoto».

«Y tras el terremoto un fuego, mas Jehová no estaba en el fuego. Y tras el fuego un silbo apacible y delicado».

«Y cuando lo oyó Elías cubrió su rostro con su manto, y salió, y parose a la puerta de la cueva. Y he aquí llegó una voz a él diciendo: ¿Qué haces aquí, Elías?» –1 Reyes 19: 11-13–.

–*Rosa Ígnea*, capítulo 31–

SUA

A los perros furiosos se les ahuyenta con el mantra SUA. También con el mantra PAS.

A los burros con la vocal O.

–*Logos, Mantra, Teúrgia*, capítulo 13–

SUIRA

Otro mantra también muy importante para el de desarrollo de la divina clarividencia es el mantra SUIRA.

Este mantra se vocaliza así: SSUUIIIIIIIRRRRRAAAAAA.

Podéis vocalizar este mantra media hora diaria. Lo importante es no cansarse, lo importante es la tenacidad. Es urgente que cada uno de vosotros aprenda a ser tenaz. Así es, hermanos, como vosotros lograréis vuestras facultades. Es indispensable que seáis constantes, es indispensable que tengáis fe, es necesario que tengáis profunda devoción interior.

–*El Quinto Evangelio*, conferencia
«En el principio era el Verbo»–

SUIRA-SUERA-SUORA-SUURA-SUARA

SUIRA: Clarividencia.

SUERA: Clariaudiencia.

SUORA: Intuición, chakra del corazón.

SUURA: Telepatía, plexo solar.

SUARA: Memoria de las vidas pasadas, chakras pulmonares.

Vocalización: Fíjese el estudiante en la acentuación de las vocales que forman la tercera columna, y en la acentuación de la A en cada mantra.

En el sublime SUARA, según los Vedas, está contenido el silencioso Gandharva, músico celeste.

Con estos mantras de la cuarta serie, se conduce el fuego del plexo solar a cada uno de los chakras del cuerpo astral.

Insistimos: las primeras sílabas mántricas de esta serie: SUI-SUE-SUO-SUU-SUA, se vocalizan con entonación de diptongo acentuado en la última vocal, la cual se prolongará largamente; y la sílaba RA de cada uno de estos mantras se vocaliza dando a la R la entonación [...] como si un niño tratara de imitar el zumbido vibratorio de un motor en marcha, o como si se escuchara el zumbido de un mollejón movido por fuerza eléctrica cuando se afila una hoja delgada de acero —sonido agudo, alto, con tendencia a producir modulaciones de flauta—, y la vocal de esta sílaba RA se prolonga largamente.

—Logos, Mantra, Teúrgia, capítulo 7–

El Chac Mool de México azteca es maravilloso. Realmente, el Chac Mool existió; fue un Adepto encarnado, uno de los grandes Iniciados de la poderosa civilización Serpentina del antiguo México y de la gran Tenochtitlán.

El sepulcro del Chac Mool fue hallado y sus restos encontrados. Así está fuera de toda duda de que el Chac Mool existió realmente. Si se observa la figura en que está acostado el Chac Mool veremos que está acostado en la misma posición en que se acostaban los Iniciados egipcios cuando querían salir en cuerpo astral pronunciando el mantra FA-RA-ON. Empero algo curioso aparece en el ombligo del Chac Mool: es una escudilla o recipiente como para recibir algo. Realmente, el plexo solar es maravilloso y el Chac Mool le dejó a la humanidad una gran enseñanza.

El Kundalini o Serpiente Ígnea de nuestros mágicos poderes tiene un gran depósito de energía solar en la región del ombligo, en el chakra del plexo solar. Este centro magnético es muy importante en la Iniciación porque es él quien recibe la energía primaria que se subdivide en diez radiaciones esplendorosas. Dicha energía primaria circula por los canales nerviosos secundarios animando y alimentando a todos los chakras. El plexo solar está gobernado por el Sol. Si el estudiante quiere tener una vigorosa clarividencia realmente objetiva, en el sentido más completo de la palabra, debe aprender a llevar la energía solar desde su depósito del plexo solar hasta el chakra frontal.

El mantra SUIRA es la clave que nos permite extraer energía solar del plexo del sol para llevarla al centro frontal. Vocalícese así: SSUUIIIIIIRRRRRAAAAAA, una hora diaria. El resultado será el despertar del chakra frontal en forma positiva.

Si queremos fuerza solar para el chakra laríngeo vocalizaremos el mantra SUERA, así: SSUUEEEEEEERRRRRAAAAAA.

Si necesitamos energía solar para el loto del corazón vocalizaremos el mantra SUORA, así: SSUUOOOOOOORRRRRAAAAAA. Todo se resume en el gran SUARA donde, según los Vedas y los Shastras, se encuentra el silencioso Gandharva −músico celeste−.

Es necesario saber utilizar la energía solar depositada en el plexo solar. Conviene que los aspirantes a la Iniciación se acuesten en decúbito dorsal, los pies sobre la cama, rodillas levantadas −véase figura del Chac Mool en la página 221−. Es claro que al poner las plantas de los pies sobre la cama, las rodillas quedan levantadas, dirigidas hacia el cielo, hacia Urania.

El aspirante, en esta posición, se imaginará que la energía del Sol penetra por su plexo solar haciéndolo vibrar y rotar de izquierda a derecha como las manecillas de un reloj cuando lo miramos de frente. Este ejercicio puede hacerse una hora diaria. El mantra básico de este centro magnético es la vocal U. Esta vocal se puede vocalizar alargando el sonido así: UUUUUUU. Un plexo solar bien despierto anima a todos los chakras del organismo maravillosamente. Así nos preparamos para la Iniciación.

–El Matrimonio Perfecto, capítulo 19–

SWARA

«Luego del mantra SWA-RA se forma el sublime Swara, del cual se dice en el versículo 15 del Shivagama: En el Swara están los Vedas y los Shastras –libros sagrados de los hindúes– [...]. En el Swara están los Tres Mundos. El Swara es la reflexión del Parabrahman –el Único Todo Absoluto–». Por eso algunos autores exclaman: "¡Swara es la vida!", y añaden: "¡Swara es la música!"...

Swara forma después la base de los tattvas, ya que estos son las cinco modificaciones del Gran Aliento». –Huiracocha, Dr. Arnoldo Krumm Heller, *Biorritmo*, pág. 72–.

Ahora bien, ese Gran Aliento es el Cristo Cósmico, Avalokitesvara, Kwan Yin, la Voz melodiosa, el Ejército de la Voz, cuyo jefe es un Paramarthasatya, conocido entre la humanidad con el nombre de Jesucristo.

–Los Misterios del Fuego, capítulo 3–

TI-TE-TO-TU-TA

Sin embargo sabemos que la Magia sexual es muy ardua y difícil para los hombres de voluntad débil, y por ello recomendamos a nuestros discípulos practicar primero los ejercicios de la Runa Thorn para adquirir la fuerza de voluntad que les permita manipular con heroísmo la Magia sexual.

Este ejercicio se realizará poniendo el discípulo su mano izquierda sobre la cintura o cadera y vocalizando luego las sílabas **TI-TE-TO-TU-TA**, alargando el sonido de cada vocal. Enseguida vocalizará el mantra **THORN**, así: **TOOOOORRRRRNNNNN**.

Con este ejercicio practicado diariamente adquirirá el discípulo una poderosa fuerza de voluntad con la cual podrá practicar Magia sexual y dominar la bestia pasional.

La fuerza de la voluntad está simbolizada por la corona de espinas del Nazareno.

Hay que golpear fuertemente el duro pedernal para hacer saltar la chispa de la inmortalidad.

La fuerza de la voluntad es la fuerza tremenda del sacrificio... Es la corona de espinas del Maestro.

La voluntad y el movimiento del Kundalini están íntimamente unidos.

La fuerza de la voluntad es la Runa Espina, y el Movimiento está simbolizado por el signo Ollin de los mexicanos aztecas.

Las Runas Espina y Movimiento encierran el secreto de nuestra liberación.

Hay que tener fuerza de voluntad para poner en movimiento el Kundalini.

Las Jerarquías relacionadas con el departamento elemental de los cedros tienen el poder de abrir la puerta de Ollin.

Esa puerta está situada en el orificio inferior de la médula espinal, y por ella entramos en los grandes Misterios del Fuego.

El mantra para abrir esa puerta es **THORN**, que se pronuncia alargando el sonido de cada vocal, así:

TOOOOORRRRRNNNNN.

El mantra **THORN** tiene el poder de poner en movimiento el Akasha puro para despertar el Kundalini y hacerlo subir a través de cada una de las treinta y tres vértebras de nuestra columna espinal.

Este mantra tiene el poder de reforzar el Akasha puro dentro de nuestro cordón brahmánico.

Ollin, el signo sagrado de los indios aztecas, es la puerta de entrada a los grandes Misterios del Fuego.

Los ejercicios de Ollin se harán colocando el brazo derecho en la cintura; luego se bajarán ambos brazos hacia abajo por el lado izquierdo, y por último se pondrán sobre la cintura ambos brazos, vocalizando el mantra **THORN**.

Debe vocalizarse haciendo inhalaciones y exhalaciones de aire puro con la intención de llevar el Cristo vital a cada uno de los siete cuerpos.

—Rosa Ígnea, capítulo 31—

TAI RE RE RE

A la Santa Iglesia Gnóstica, situada en el astral, puede concurrir la humanidad entera. Allí se oficia los viernes y domingos en la aurora, o cuando se necesita hacerle bien a la humanidad. Muchos concurren al Pretor en cuerpo astral, otros con el cuerpo físico, como ya dijimos, en estado de Jinas.

Naturalmente, el que quiera aprender a viajar en su astral para concurrir al Pretor o el que quiera aprender a viajar con su cuerpo físico en estado de Jinas para asistir al templo tendrá que aprender a hacerlo. Para el efecto se necesita que el discípulo tenga fe y tenacidad, pues hay muchos que aprenden esto en el mismo día y hay otros que necesitan meses y hasta años enteros para aprender lo que otros hacen en un día. Todo depende de la evolución del individuo.

La clave para salir en cuerpo astral es muy sencilla: basta adormecerse pronunciando el poderoso mantra, es decir, las palabras mágicas **TAI RE RE RE**. La puntuación exacta indica el modo de su pronunciación.

Y luego, cuando ya el discípulo se encuentre en ese estado de transición entre la vigilia y el sueño, se adentrará profundamente dentro de sí mismo por medio de la reflexión, y luego, suavemente se levantará de su lecho.

Acto seguido levantará su vuelo rumbo a la Iglesia Gnóstica situada en el astral.

—El Matrimonio Perfecto de Kínder, capítulo 7—

O de otra manera, el discípulo se adormecerá vocalizando este mantra: TÁIIIII-REEEEE-REEEEE-REEEEE.

Debe cantarse este mantra acentuando fuertemente la vocal A: TÁI.

Las tres silabas restantes se vocalizan dando a la E un sonido acampanado melodioso prolongado. La R no se hace vibrar, sino solo se pronuncia de una manera simple: REEEEE, REEEEE, REEEEE.

La sílaba TAI se canta en tono profundo. La repetición de RE en tono más alto que TAI. Cuando el discípulo se esté ya adormeciendo, cuando se encuentre en ese estado preciso de transición entre la vigilia y el sueño, deberá levantarse del lecho sin vacilaciones, sin pereza, sin dudas, sin razonamientos, con naturalidad, en forma refleja o instintiva, automática y absolutamente infantil... Observad a las aves: ellas, cuando van a volar, no razonan para ello, no abrigan dudas ni preconceptos, sino que vuelan instintivamente, diríamos automáticamente. De esa manera debe proceder el discípulo: imitar a las aves... Debe levantarse, pues, del lecho y salir de la recámara, y diríjase a cualquier rincón del infinito, a donde quiera.

Cuando decimos que el estudiante debe levantarse del lecho, tradúzcase esto en hechos efectivos e inmediatos, sin dar lugar a pensar.

—*Logos, Mantra, Teúrgia*, capítulo 8—

TALITHA CUMI

Otro mantra muy interesante que el Cristo enseñó para curar enfermos y resucitar muertos fue TALITHA CUMI. La resurrección solo es posible cuando el cordón plateado no se ha roto. En estos casos se insufla calor en los labios del cadáver, se toma al difunto por la mano y luego se pronuncia el mantra TALITHA CUMI, y se le llama tres veces por su nombre.

Este elevadísimo trabajo mágico solo es posible cuando la Ley lo permite.

—Tratado de Medicina Oculta y Magia Práctica,
capítulo «Secretos de la Magia Práctica»—

Otras referencias:

—Apuntes Secretos de un Gurú, capítulo 16—

TE VIGOS CO SILIM

¡Ay de aquel osado que se atreviera a llamar al Príncipe de los Demonios sin estar debidamente preparado! ¡Ay del atrevido!, porque moría bajo las garras de la horrible bestia.

Pero el mago bien disciplinado, firme como un guerrero, extendía su mano derecha hacia el Príncipe de los Demonios y lo conjuraba con las siguientes palabras:

«¡En nombre de Júpiter, Padre de todos los Dioses, yo te conjuro! ¡TE VIGOS CO SILIM!».

Y el monstruo quedaba entonces apabullado.

—La Revolución de Bel, capítulo 17—

¡Nos sumergimos en esas regiones atómicas en donde habitan los Príncipes de las Tinieblas! Observando atentamente notamos que alguien se dirigía hacia nosotros con paso firme y decidido. ¡Era Chavajoth…! Aquel siniestro personaje se revistió con su túnica color de sangre y se dirigió a nosotros. Entonces lo conjuramos diciéndole así:

«¡En nombre de Júpiter, Padre de todos los Dioses, yo te conjuro, Chavajoth! ¡TE VIGOS CO SILIM!».

Estos mantras son de un efecto tremendo. Chavajoth, como herido por un rayo mortal, levantó el brazo como para defenderse.

—Tratado Esotérico de Teúrgia, capítulo 2—

Al fin, en la mitad de la caverna apareció un extraño personaje negro como el carbón. Un personaje gigantesco, tenebroso y horrible. Extendiendo nosotros la mano derecha hacia aquel monstruo horrible, dijimos:

«¡En nombre de Júpiter, Padre de todos los Dioses, yo te conjuro, Andrameleck! ¡TE VIGOS CO SILIM!».

El resultado fue formidable. Aquel demonio, herido de muerte por el rayo terrible de la Justicia Divina, quedó bajo nuestro dominio.

–Tratado Esotérico de Teúrgia, capítulo 5–

TETRAGRÁMMATON

El Tetragrámmaton es un mantra de inmenso poder sacerdotal.

–Tarot y Kábala, capítulo 5–

Los principios masculino y femenino se conjugan en el santo y misterioso Tetragrámmaton, nombre esotérico que no debe pronunciarse en vano y que está relacionado con las letras del nombre del Eterno en Hebreo: : HE VAV HE YOD –símbolos hebreos que se leen al revés–.

–Tarot y Kábala, capítulo 24–

Del Ain Soph –el átomo superdivino– emanan Kether, Chokmah y Binah, la Corona de la Vida, el resplandeciente Dragón de Sabiduría.

Cuando llegue la Gran Noche Cósmica, el resplandeciente Dragón de Sabiduría se absorberá dentro del Ain Soph... ¡He ahí la Trinidad absorbiéndose dentro de la unidad! ¡He ahí el Santo 4, el Tetragrámmaton de los cabalistas!

–Tarot y Kábala, capítulo 51–

El resplandeciente Dragón de Sabiduría es la Corona de la Vida, es aquel Rayo del cual emana el Íntimo. El resplandeciente Dragón de Sabiduría es trino.

Juan había leído que la Trinidad dentro de la Unidad, formaba el Santo Cuatro, el Tetragrámmaton. Empero, a pesar de haberlo leído, no lo había comprendido totalmente. Solo había penetrado con el entendimiento en lo que es la Trinidad, pero faltaba algo más: ¡quería completar aquello del Santo Cuatro!

EL AIN SUPH O AIN SOPH

Y otra noche, Juan, lleno de éxtasis, abandonó todo deseo, todo pensamiento, toda voluntad, toda conciencia, y toda ideología, y todo preconcepto, y, como un hálito, salió de su cuerpo físico..., por la glándula pineal. ¡Entonces se vio a sí mismo convertido en un átomo blanco, inmaculado, inefable, divino! Ese átomo es el AIN SOPH.

De ese átomo inefable emanan el Padre, el Hijo y el Espíritu Santo. Cuando llegue la gran Noche Cósmica, el resplandeciente Dragón de Sabiduría de todo hombre se absorberá dentro del Ain Soph... ¡He ahí la Trinidad absorbiéndose dentro de la Unidad! ¡Y he ahí al Santo Cuatro, el Tetragrámmaton de los cabalistas!

−Logos, Mantra, Teúrgia, capítulo 1−

La palabra TETRAGRÁMMATON es bastante interesante. TETRA es la Trinidad dentro de la Unidad de la Vida. TETRAGRÁMMATON es el Santo Cuatro, pues, porque el Padre es el número uno, el Hijo es el dos, el Espíritu Santo es el tres; pero ellos, los tres, emanan del Ain Soph, es decir, de la Estrella atómica interior que siempre nos ha sonreído; y los tres, emanando de él, del Ain Soph, forman el cuatro: el TETRAGRÁMMATON. Esta palabra, TETRAGRÁMMATON, es mántrica...

Alguna vez quise experimentar con el TETRAGRÁMMATON; lo vocalicé en los mundos superiores de Conciencia Cósmica y entonces muchos Inefables de los Nueve Cielos −Luna, Mercurio, Venus, Sol, Marte, Júpiter, Saturno, Urano y Neptuno− emergieron para ver qué pasaba, como diciendo: «¿Por qué habéis pronunciado el nombre del Eterno en vano?». Yo mismo me sentí perplejo, confundido...

—El Quinto Evangelio,
conferencia «Simbolismo del Pentagrama Esotérico»–

¡Nos encontrábamos frente al espantoso y terrible Chavajoth! Extendiendo la mano derecha hacia aquella bestia maligna y seductora, con gran voz la conjuramos diciendo:

«¡En nombre del TETRAGRÁMMATON, yo te conjuro, Chavajoth!».

—Tratado Esotérico de Teúrgia, capítulo 2–

THELEMA

El goce de Nut es el hálito de Dios, y por ello nunca puede ser malo. El goce sexual de Nut es un goce legítimo del hombre; pero hay que aprender a brindar a Nut sin perjudicarnos. Nuestra divisa es **THE-LE-MA**.

Esta palabra es el nombre mántrico de la voluntad. *«Si vais a donde la mujer no olvidéis el látigo»,* exclama Federico Nietzsche. Ese látigo es el látigo de la voluntad; ese es el látigo que nos permite dominar la bestia y gozar de Nut sin perjudicarnos. Nut nos convierte en dioses, por ello el Maestro, levantando el cáliz, exclama:

«¡Seidad todopoderosa! ¡Seidad cósmica! Tú cuyo brillo alumbra los mundos; tú que eres el hálito que hace temblar y estremecer todo, con el signo de la cruz yo te conjuro, Gran Ser, para que aparezcas sobre tu Trono del Globo Solar.

Abre, pues, el Camino, la Puerta de la Creación, y traza un sendero de relación entre nosotros; y tu Luz alumbre nuestro entendimiento, anime nuestro corazón. Deja que tu resplandor infiltre e inflame nuestra sangre para lograr nuestra encarnación».

Así es como canta el Maestro a Nut, la voluptuosidad.

Todo el secreto reside en conectarse sexualmente con la hembra y retirarse sin derramar el semen; esto es el secreto solemne de Nut, esto es invocar a Isis en la Flama de la Serpiente; por ello Isis exclama así:

«Podrás venir a mi pecho y gozar, dejando un rastro de incienso extendido. Debes dar todo, absolutamente todo, por un solo beso mío». Y el Maestro contesta a Isis así:

«Tú también debes dar todo por un solo beso mío». Y termina el guardián, símbolo de la fuerza, de la voluntad. Exclamó:

«Pero aquel que en la gloria de este momento diese polvo, todo para él le será negado, todo para él será perdido».

Así pues, fuerza de voluntad para gozar de Isis sin derramar el semen; eso es todo. Nuestra divisa es **THE-LE-MA** –voluntad–.

–*Apuntes Secretos de un Gurú*, capítulo 6–

THORN

Nuestros discípulos solteros de ambos sexos pueden practicar transmutando su energía sexual con su Runa Ollin.

PRÁCTICA

1. En posición de pie firme, hará el discípulo varias inspiraciones y exhalaciones rítmicas.

2. Conforme inspira el aire, debe unir su imaginación y su voluntad en vibrante armonía para hacer subir la energía sexual por los dos cordones ganglionares de la médula hasta el cerebro, entrecejo, cuello y corazón, en sucesivo orden.

3. Luego exhalará el discípulo el aliento imaginando firmemente que la energía sexual se ha fijado en el corazón.

4. Al exhalar el aliento el discípulo vocalizará el mantra THORN así: TOOOOORRRRRNNNNN.

5. Con las prácticas de la Runa Ollin debemos realizar varios movimientos de los brazos.

6. Debe el discípulo colocar la mano derecha en la cintura.

7. Extenderá ambas manos hacia el lado izquierdo, la mano izquierda algo más elevada que la derecha, estirando los brazos, formando ángulo agudo con el tronco.

8. Colóquense ambas manos en la cintura.

Así es como nuestros discípulos solteros de ambos sexos pueden transmutar su energía sexual.

Las energías sexuales también se transmutan con el sentido estético, con el amor a la música, a la escultura y con las grandes caminatas, etc.

El soltero que quiera no tener problemas sexuales debe ser absolutamente puro en el pensamiento, en la palabra y en la obra.

—Tarot y Kábala, capítulo 43—

Las Jerarquías relacionadas con el departamento elemental de los cedros tienen el poder de abrir la puerta de Ollin.

Esa puerta está situada en el orificio inferior de la médula espinal, y por ella entramos en los grandes Misterios del Fuego.

El mantra para abrir esa puerta es **THORN**, que se pronuncia alargando el sonido de cada vocal, así:

TOOOOORRRRRNNNNN.

El mantra **THORN** tiene el poder de poner en movimiento el Akasha puro para despertar el Kundalini y hacerlo subir a través de cada una de las treinta y tres vértebras de nuestra columna espinal.

Este mantra tiene el poder de reforzar el Akasha puro dentro de nuestro cordón brahmánico.

Ollin, el signo sagrado de los indios aztecas, es la puerta de entrada a los grandes Misterios del Fuego.

–Rosa Ígnea, capítulo 31–

TISANDO

El Elemental del gualanday tiene túnica de color verde oscuro y pertenece a la Sabiduría de la Serpiente.

Recuerdo por allá en los tiempos en que la América del Sur estaba unida con los sumergidos continentes de la Lemuria y la Atlántida, un caso muy interesante.

Una joven india, prometida de un galán de la misma tribu, sufría horriblemente a consecuencia de rencillas que amenazaban frustrar el convenido matrimonio. Como médico mago de la tribu que era, fui consultado por la amargada mujer, a quien prometí ayudar, y operé enseguida con el Elemental del gualanday en la siguiente forma:

A la salida del sol, con el rostro hacia el Oriente, la cabeza cubierta con un manto, me acerqué al gualanday. Hecho el conocido ritual, cogí dos de sus ramas simbolizando a los novios; con una rama en cada mano y de frente, hacia el sitio donde moraba el novio, pronuncié tres veces el mantra del gualanday: TISANDO, TISANDO, TISANDO. Ordené al Elemental transportarse a la residencia de los novios, concluir las rencillas y armonizar a la pareja, y no separarse del trabajo hasta que no se cumpliera el mandato.

Realizada esta operación, coloqué las ramas del gualanday sobre dos troncos de palo, en el suelo; azoté las ramas contra los troncos hasta desprender las hojas; entregué estas a la novia para que fueran cocinadas con los alimentos del novio. La pareja se desposó al poco tiempo y fueron felices. Nada más eficaz para destruir las rencillas de los casados que el ritual del gualanday.

El Elemental de este árbol pertenece a la Sabiduría de la Culebra, y se le debe invocar y ordenar imperiosamente así: «TISANDO, trabajad intensamente»; «TISANDO, curad al enfermo, sanad el hígado»; «TISANDO, armonizad el matrimonio tal, concluid con sus rencillas, etc.».

No hay que olvidar el ritual en el instante de coger la planta, bendiciéndola y ordenándole lo que se desea. Cuando esté hirviendo el agua del cocimiento, se repetirán las bendiciones y la vocalización del mantra TISANDO.

Dosis: Para curar el hígado, tómense tres vasos diarios del cocimiento, antes de las comidas, durante quince días.

–Tratado de Medicina Oculta y Magia Práctica,
capítulo «Estudio y ejercicio de la Magia Elemental»–

TOLIPHANDO

MAGIA ELEMENTAL DEL ESTORAQUE –Styrax tomentosum–

El estoraque simboliza la sabiduría y la justicia.

El mantra de este árbol es **TOLIPHANDO**.

El departamento elemental del estoraque se halla íntimamente relacionado con aquellas actividades del Karma.

El departamento elemental del estoraque está dirigido por los Señores del Karma.

–Rosa Ígnea, capítulo 15–

TOM DOM

La vocal O despierta la intuición, que es el séptimo sentido de la futura humanidad divina.

La vocal U despierta el centro telepático, situado arriba del ombligo.

La vocal A despierta los chakras pulmonares, que nos confieren el poder de recordar nuestras vidas pasadas.

Vocalizad así, hermanos míos:

TOOMMMMM, DOOMMMMM

TOOMMMMM, DOOMMMMM

TOOMMMMM, DOOMMMMM.

Como imitando el sonido de las campanas parroquiales.

El mantra TOM DOM debe hacerse lo más claramente posible para hacer vibrar el chakra del corazón.

—El Quinto Evangelio, conferencia «Didáctica Mántrica»—

TON SA HAM. TON RA HAM

1. Siéntese el devoto en una silla con el rostro hacia el Oriente.

2. Haga mucha oración, rogándole a la Divina Madre que le despierte el Kundalini.

3. El pecho, cuello y cabeza deberán estar en línea vertical. No se debe doblar el cuerpo a los lados ni hacia adelante o hacia atrás. Las palmas de las manos deben descansar sobre las piernas en forma muy natural.

4. La mente del devoto debe estar dirigida hacia adentro, hacia la Divina Madre, amándola y adorándola.

5. Cierre los ojos para que las cosas del mundo físico no le distraigan.

6. Tape la fosa nasal derecha con el dedo pulgar vocalizando mentalmente el mantra TON a tiempo que respira o inhala muy lentamente el aire por la fosa izquierda.

7. Clausure ahora la fosa nasal izquierda con el dedo índice. Retenga el aliento. Envíe el prana a la Iglesia de Éfeso, situada en

el coxis, para despertar el Kundalini, y pronuncie mentalmente el mantra SA.

8. Exhale ahora lentamente por la fosa nasal derecha vocalizando mentalmente el mantra HAM.

9. Clausure ahora la fosa nasal izquierda con el dedo índice.

10. Inhale la vida, el prana, por la fosa nasal derecha vocalizando mentalmente el mantra TON. Retenga ahora el aliento vocalizando el mantra RA. Clausure las dos fosas nasales con los dedos índice y pulgar. Envíe el prana al centro magnético del coxis para despertar el Kundalini.

11. Exhale muy lentamente por la fosa nasal izquierda vocalizando mentalmente la sílaba mántrica HAM.

12. Esto constituye un Pranayama completo.

13. Seis Pranayamas seguidos deben realizarse al amanecer y al anochecer.

14. El devoto se levantará de su silla y se arrodillará en tierra.

15. Colocará ahora las palmas de la mano en el suelo tocándose entre sí los dedos pulgares*.

16. Inclinado hacia adelante, postrado en tierra, lleno de suprema veneración, con la cabeza hacia el Oriente, apoyará su frente sobre el dorso de las manos al estilo egipcio.

17. Vocalizará ahora el devoto con su laringe creadora el poderoso mantra RA de los egipcios. Ese mantra se vocaliza alargando el sonido de las dos letras que componen el mantra RA, así: RRRRRRRAAAAAAA –vocalícese siete veces consecutivas–.

Estos son los diecisiete puntos del Pranayama Egipcio. El mantra RA tiene el poder de hacer vibrar el Kundalini y los chakras para despertarlos.

Los mantras del Pranayama son TON SA HAM. TON RA HAM.

–El Libro Amarillo, capítulo 8–

---

* Las palmas se colocan formando un triángulo con los dedos índices y pulgares.

El Pranayama es un sistema esotérico para transmutar el semen en energía crística. El Pranayama es un sistema de transmutación de la energía sexual.

Cuando el yogui esoterista inspira el prana o Cristo vital por la fosa nasal derecha, cuando exhala ese prana por la fosa nasal izquierda; y viceversa, cuando inspira por la izquierda y exhala por la derecha, lo que busca no es atraer átomos externos, como creen los profanos, sino hacer subir los átomos solares y lunares desde los testículos hasta el campo magnético de la raíz de la nariz.

El clarividente que observe en estos instantes los cordones ganglionares –Idá y Pingalá– del yogui durante el Pranayama verá las Aguas puras de Ámrita, las Aguas primordiales del Génesis, ascendiendo por los nadis Idá y Pingalá.

Swara es la ciencia del aliento. Swara es la ciencia sagrada de la respiración.

«TON SA HAM son los mantras de la inspiración; TON RA HAM los de la expiración, cuyos extremos corresponden al encogimiento rítmico y a la expansión de la materia cósmica indiferenciada, Prakriti, Mulaprakriti» –Huiracocha, Dr. Arnoldo Krumm Heller, Biorritmo–.

–Los Misterios del Fuego, capítulo 3–

TRIN

Es urgente que los devotos practiquen el poderoso mantra de la intuición. Este mantra es el siguiente:

TRIIIIINNNNN.

Prolónguese el sonido de la vocal **I** y de la consonante **N**; désele una entonación semejante a la campana. El estudiante, sumido en meditación perfecta y con la mente en blanco, deberá inundarse de un gran silencio; entonces vocalizará mentalmente el mantra sagrado. Puede cantarse este mantra cuantas veces se

quiera. Después de unos diez minutos de vocalización suspenderá la vocalización de este mantra y continuará por tiempo indefinido con la mente en blanco. Cuando el gran silencio nos inunda adviene a nosotros la experiencia de la Gran Realidad.

—Curso Esotérico de Kábala, capítulo 21–

TUM

Durante el Ritual Gnóstico nos comunicamos con el mundo del Logos solar, con el RA egipcio, con el TUM. Esta palabra es muy importante, tiene tres aspectos para representar las Tres Fuerzas Primarias:

T: El Padre.

U: El Hijo.

M: El Espíritu Santo.

Este es un mantra poderoso. Se atraen las fuerzas del Logos hacia nosotros. En el instante en que se consagra el pan y el vino, descienden los átomos crísticos y se transforman de hecho en Carne y Sangre de Cristo. Esto se logra por medio de un canal que se abre y se comunica directamente con el Logos mediante el mantra.

Al estar en Éxtasis, con la transubstanciación descienden átomos crísticos de altísimo voltaje, dándonos luz dentro de las tinieblas. Estos átomos cristónicos nos ayudan en la lucha contra los Demonios de Seth. Así hacemos luz en las tinieblas. Nosotros somos tinieblas profundas. Escrito está que la luz sale de las tinieblas. Los Dioses surgen del Abismo y se pierden luego en el Absoluto, luego el Abismo es indispensable para que haya Dioses.

—Tarot y Kábala, capítulo 36–

Hay que llegar a una transformación por medio de Nu, la Madre Divina, con cuya ayuda podemos eliminar todo ese conjunto de entidades tenebrosas, el Satán... Nu puede transformarnos radicalmente en forma definitiva. Es necesario que se verifique una transformación completa; que nuestra cabeza y nuestro rostro sean de Ra, y nuestro cuerpo, manos y piernas sean de Tum.

RA es el Padre.

TUM es el cuerpo del Padre.

TUM es un mantra terriblemente divino; nunca debe pronunciarse en vano o por juego, porque de inmediato desciende de donde esté nuestro Padre que está en secreto.

Debemos convertirnos en obreros de la Gran Obra del Padre. RA es el Cristo, es vida, es el Segundo Logos. TUM es el Padre, el Primer Logos. Al pronunciarse hay fuego y desciende. Son mantras de inmenso poder sacerdotal mágico.

–Tarot y Kábala, capítulo 38–

TYR –TIR–

Las prácticas correspondientes a la Runa Tyr o Tir, consisten en colocar los brazos en alto y bajar las manos a semejanza de conchas, haciendo resonar el mantra TIIIIIRRRRR –alargando el sonido de las letras I y R, para despertar Conciencia–.

La T o TAU golpea en la Conciencia para despertarla. La I, trabaja intensamente con la sangre, vehículo de la Esencia, y la R, además de intensificar la circulación en las venas y vasos sanguíneos, opera maravillas con las Flamas ígneas, intensificando, estimulando el despertar.

Nota: La tradición gnóstica indica que, una vez que los brazos están en alto, al comenzar a descender las palmas de las manos miran hacia arriba. Cuando los brazos forman 90º con el cuerpo, se giran, quedando las palmas hacia el suelo, y el descenso se detiene cuando los brazos forman 45º con el suelo. Esta Runa se recomienda practicarla en combinación con la Runa BAR, alternando una y otra.

–Tratado Esotérico de Magia Rúnica, capítulo 16–

U

Recordemos que este plexo es el centro de la telepatía.

El discípulo, sentado en cómodo sillón, con el rostro dirigido hacia el Oriente, se imaginará allá, en esa lejanía, una cruz inmensa, radiante, de un bello color dorado. Imagínese que emite rayos dorados y azules que llegan hasta su plexo solar, situado en la región del ombligo. El discípulo se esforzará por sentir las vibraciones de esos rayos bañando de luz el chakra de ese plexo.

A la vez se practicará el mantra con la vocal U, la cual se pronunciará largamente en tono semiprofundo: UUUUUUU.

Este ejercicio durará media hora diaria. Se logrará la telepatía.

Cuando se desarrolla el chakra del plexo solar, el chakra frontal se inunda de esplendor y de fuego, y el clarividente percibe todos los rutilantes matices del aura de la persona y todas las

formas de pensamiento que flotan, con sus colores encendidos, en los mundos superiores.

—Logos, Mantra, Teúrgia, capítulo 9—

Los ejercicios zodiacales fundamentales que aquí damos vienen de los antiguos Templos de Misterios, y por lo tanto no son patrimonio exclusivo de nadie. Sin embargo tenemos que agradecer al gran Gurú Arnoldo Krumm Heller —Huiracocha— el que los hubiera recopilado e investigado para dárnoslo a conocer en su maravilloso Curso Zodiacal. Durante este «Curso Zodiacal de Virgo» deberéis vocalizar diariamente la vocal U para desarrollar el centro telepático del plexo solar, así: UUUUUUU, durante una hora diaria.

—Curso Zodiacal, capítulo 6—

En esta lección de Virgo le enseñamos al discípulo que en el vientre las fuerzas que suben de la Tierra se cargan de las hormonas adrenales a fin de prepararse para su ascenso al corazón; también le enseñamos a vocalizar la vocal U para desarrollar el chakra del plexo solar o cerebro de emociones.

El plexo solar es la antena que recibe los pensamientos distantes, y con él podemos captar las condiciones morales de todos aquellos que se pongan en contacto social o comercial con nosotros.

—Curso Zodiacal, capítulo
«Resumen analítico del presente curso»—

U, UN

Si queréis vosotros desarrollar la telepatía, deberéis saber que el fundamento de la telepatía está en el chakra que se halla situado, exactamente, arriba del ombligo. El chakra relacionado con la telepatía es el del plexo solar. El plexo solar existe realmente en el organismo humano; como les digo, está situado un poquito arriba del ombligo.

Hay muchos ejercicios para el desarrollo de la telepatía. Voy a enseñaros dos.

El primero es el siguiente: sentaos en un cómodo sillón, relajaos profundamente de frente al Oriente, imaginad que el sol es la rosa de fuego de una enorme cruz dorada que está en el cielo. Imaginad ahora que ese sol desprende muchos rayos de luz. Imaginad ahora las radiaciones todas en el plexo solar. Imaginad que el plexo solar es como una flor de loto que está girando de izquierda a derecha; no desmayéis en esta práctica. Imaginad que los rayos son de un bello color azul y dorado; sentid, en vuestro plexo solar, toda la sensación de esos rayos inefables. Practicad sin cansaros; con media hora diaria es suficiente. Ese es el primer ejercicio, mis caros hermanos.

El segundo consiste en concentraros intensamente en el plexo solar, y vocalizar la vocal U, así: UUUUUUU. Podéis añadirle también a esa vocal la letra N para darle un sonido acampanado; así: UUUUUUUNNNNNNN.

¡Haced vuestras prácticas con intensidad, no os canséis! Lo importante es que no os canséis, mis caros hermanos; es necesaria la constancia, la tenacidad. Son muchos los hermanos que comienzan a hacer estas prácticas y luego se cansan.

—El Quinto Evangelio,
capítulo «En el principio era el Verbo»—

Otro ejercicio muy interesante para despertar el plexo telepático es el siguiente:

Siéntese el discípulo en un cómodo sillón con la vista hacia el Oriente.

Imagínese el discípulo que en el Oriente hay una gran cruz de oro que lanza rayos dorados y azules. Imagínese el discípulo esos rayos entrando por su plexo solar para despertarlo y darle vida.

Este ejercicio se practica diez minutos diarios. Este ejercicio siempre se practica en las primeras horas de la mañana, o sea, al amanecer.

El chakra del plexo solar recoge las energías solares y con ellas nutre y desarrolla los demás chakras de nuestro organismo astral.

Aquel que desarrolle este chakra adquiere el grandioso poder de la telepatía.

La sílaba UN, alargando el sonido sobre las letras U y N, se puede vocalizar durante la práctica de la cruz de oro al amanecer.

El plexo solar es nuestra antena receptora, y nuestra glándula pineal es nuestro centro emisor.

Este chakra tiene diez radiaciones.

—Manual de Magia Práctica, capítulo 2—

VA

La región del Agua se halla entre las rodillas y el ano. Su mantra es VA.

—El Matrimonio Perfecto, capítulo 19–

VAGO O A EGO

EL GRANADO –Punica granatum–

El granado representa la amistad. El granado representa los acuerdos amistosos. El granado representa el hogar.

Los elementales de los granados tienen el poder de establecer relaciones amistosas.

Los elementales de los granados tienen el poder de establecer acuerdos fraternales entre los hombres.

Los elementales de los granados tienen el poder de establecer armonía dentro de los hogares.

[...]

VAGO O A EGO, estos son los mantras de los elementales de los granados.

Cuando queramos utilizar el elemental de algún granado caminaremos en círculo a su alrededor, bendeciremos el árbol, pronunciaremos los mantras y le ordenaremos al elemental trabajar sobre la persona o personas que nos interesen de acuerdo con nuestros fines anhelados.

Los ángeles que velan por todos los hogares de la Tierra pertenecen a este reino elemental de los granados.

Cada familia humana está protegida por un ángel familiar. Estos ángeles familiares pertenecen al departamento elemental de los granados. Los masones ignoran su significado oculto.

—Rosa Ígnea, capítulo 15—

VAN SAM CHAM

Sentado en un lugar cómodo, imaginar su chacra Muladhara lleno de luz, lleno de fuego; subir esa luz por la columna espinal con la imaginación y la voluntad pronunciando la letra S y, a través de su Padre y su Divina Madre, invocad a la gran maga Devata Ganesha y pedirle, rogarle, implorarle que le limpie su chacra Muladhara y que le haga subir sus fuegos sagrados pronunciando los mantras: VAN SAM CHAM, siete veces.

—Tradición oral—

VEYA VALLALA VEYALA HELAYA VEYA

Los antiguos magos, cuando llamaban a las Ondinas de los ríos y de los lagos, o a los Genios de las nubes, o a las Nereidas del tormentoso océano, clamaban con gran voz pronunciando los siguientes mantras: VEYA VALLALA VEYALA HEYALA VEYA.

—Doctrina Secreta de Anáhuac, capítulo 15—

Invocación: VEYA VALLALA VEYALA HELAYA VEYA.

Cante estas palabras a orillas de los ríos o de los mares y las Ondinas de las aguas vendrán a su llamado.

—Tratado de Medicina Oculta y Magia Práctica,
capítulo «Para llamar a las ondinas del agua»—

WU

Resulta ciertamente interesante, atractivo, sugestivo, saber que este Gran Iluminado estudió con infinita humildad a los pies del Venerable Anciano Wan Shan, quien le enseñó a utilizar inteligentemente el poderoso mantra WU, que se pronuncia como una doble «U», imitando sabiamente ese aullido, ese aúllo del huracán entre las gargantas de las montañas.

Nunca pudo olvidar este hermano el estado de alerta percepción, alerta novedad, tan indispensable, tan urgente, para despertar Conciencia. El Venerable Anciano Gurú Wan Shan le dijo que, durante las doce horas del día, es menester estar alerta como un gato que acecha a un ratón, o como una gallina que empolla un huevo, sin abandonar ni un segundo la tarea.

En estos estudios no cuentan los esfuerzos sino los superesfuerzos; mientras no estemos Iluminados debemos trabajar sin descanso, como un ratón que roe un ataúd. Si se practica de esta manera, finalmente nos liberaremos de la mente y experimentaremos, en forma directa, ese elemento que transforma radicalmente, eso que es la Verdad.

[...]

Men Shan avanzaba triunfalmente en sus estudios, sin embargo no todo en la vida son rosas, también hay espinas. En el mes de julio, durante el quinto año de Chin Din –1264–, contrajo, desgraciadamente, disentería en Chungking, provincia de Szechuan.

Con la muerte en los labios decidió hacer testamento y disponer sus bienes terrenales. Hecho esto, se incorporó lentamente, quemó incienso y se sentó en un sitial elevado; allí oró en silencio a los Tres Bienaventurados y a los Dioses Santos, arrepintiéndose ante ellos de todas las malas acciones cometidas en su vida.

[...]

Después de formular estos votos, se sumergió en profunda meditación cantando mentalmente el mantra WU; la enfermedad le atormentaba, los intestinos le torturaban espantosamente, pero él resolvió no ponerles atención.

Meng Shan se olvidó radicalmente de su propio cuerpo, sus párpados se cerraron firmemente y quedó como muerto.

Cuentan las tradiciones chinas que, cuando Meng Shan entró en meditación, solo el Verbo, es decir, el mantra WU –UUUUUUU, UUUUUUU– resonaba en su mente; después no supo más de sí mismo.

¿Y la enfermedad? ¿Qué fue de ella? ¿Qué sucedió? Resulta claro, lúcido, comprender que toda afección, achaque, dolencia, tiene por basamento determinadas formas mentales; si conseguimos el olvido radical, absoluto, de cualquier padecimiento, el cimiento intelectual se disuelve y la indisposición orgánica desaparece. Cuando Meng Shan se levantó del sitial al comenzar la noche, sintió con infinita alegría que ya estaba curado a medias; después se sentó de nuevo y continuó sumergido en profunda meditación hasta la medianoche, entonces su curación fue completa.

–*Tratado Esotérico de Magia Rúnica*, capítulo 23–

Después de algún tiempo Wu Wen fue hasta el Maestro Huai Shi, quien le enseñó a meditar con ayuda del mantra sagrado **WU**. Este mantra se canta mentalmente con la letra **U** repetida dos veces –**UUUUUUU, UUUUUUU**–, alargando el sonido vocal como imitando el sonido del huracán cuando aúlla entre la garganta de la montaña o como el golpe terrible de las olas contra la playa.

El canto de este mantra se hace mentalmente cuando practicamos la meditación, con el propósito de llegar a la quietud y al silencio de la mente, cuando necesitamos vaciar la mente de toda clase de pensamientos, deseos, recuerdos, preocupaciones, etc.

Pasado algún tiempo, Wu Wen fue a visitar a Hsiang Yen en las montañas para pasar la estación del verano, y cuenta que durante la meditación los mosquitos le picaban terriblemente y sin misericordia alguna, pero él había aprendido a mirar muy de frente a la Osa Menor –obstáculos, inconvenientes, hambre, mosquitos, etc.–, y entonces pensó: «*Si los antiguos sacrificaban sus cuerpos por el Dharma, ¿he de temer yo a los mosquitos?*».

Consciente de esto se propuso tolerar pacientemente todos los aguijonazos, con los puños contraídos y las mandíbulas apretadas; aguantando las horribles picadas de los mosquitos concentraba su mente en el mantra **WU** –UUUUUUU, UUUUUUU–.

Wu Wen cantaba el mantra **WU**; imitaba con la **U** el sonido del viento entre la garganta de la montaña, el sonido del mar cuando azota la playa; Wu Wen sabía combinar inteligentemente la meditación con el sueño.

Wu Wen cantaba su mantra con la mente y no pensaba en nada. Cuando algún deseo o recuerdo o pensamiento surgía en su entendimiento, Wu Wen no lo rechazaba, lo estudiaba, lo analizaba, lo comprendía en todos los niveles de la mente, y luego lo olvidaba en forma radical, total o definitiva.

Wu Wen cantaba su mantra en forma continua, nada deseaba, nada razonaba, cualquier deseo o pensamiento que surgía en la mente era debidamente comprendido y luego olvidado; el canto del mantra no se interrumpía, los mosquitos y sus aguijonazos ya no importaban.

De pronto algo trascendental sucede; sintió que su mente y su cuerpo se derrumbaban como las cuatro paredes de una casa. Era el estado del Vacío Iluminador, puro, perfecto, libre de toda clase de atributos; se había sentado a meditar en las primeras horas de la mañana y tan solo al atardecer se levantó.

−El Collar del Buddha, capítulo 18−

En la vieja China, los budistas Zen no usan el término Koan, ellos prefieren decir «ejercicio Hua Tou».

Un monje le preguntó al Maestro Chao Chou: «¿Tiene un perro la naturaleza del Buddha?».

El Maestro respondió: «Wu» −'no'−. Esta sola palabra, Wu, además de ser un mantra que se pronuncia con doble U, como imitando el sonido del huracán, es también por sí mismo un Koan.

Trabajar con el Koan Wu teniendo la mente quieta y en silencio es algo maravilloso.

La experiencia del Vacío Iluminador nos permite vivenciar un elemento que transforma radicalmente.

−Mi Regreso al Tíbet, capítulo 49−

Tieh Shan escribe:

«Conocí el Budismo desde que tenía trece años. A los dieciocho in¬gresé al sacerdocio. Después, un día leí una tesis traída por un monje de Hsueh Yen, llamada Meditaciones Avanzadas.

Esto me hizo comprender que yo todavía no había llegado a este punto. Entonces fui a ver a Hsueh Yen y seguí sus instrucciones sobre el modo de meditar sobre la palabra WU.

En la cuarta noche el sudor surgió de todo mi cuerpo y me sentí cómodo y liviano.

Permanecí en la sala de meditación, concentrado, sin dirigir a nadie la palabra.

Después vi a Miao Kao Feng, quien me dijo que continuara meditando sobre la palabra WU sin cesar día y noche.

Cuando me levanté, antes del alba, el Hua Tou [el significado de la palabra, la esencia de la sentencia] *inmediatamente se presentó ante mí.*

En cuanto tuve un poco de sueño dejé el asiento y descendí. El Hua Tou [es decir la palabra WU] *me acompañó mientras caminaba, me preparaba la cama o la comida, cuando tomaba la cuchara o cuando dejaba de lado los palillos. Estaba conmigo todo el tiempo, en todas mis actividades, día y noche.*

Si uno logra fundir su mente en un todo continuo y homogéneo, la Iluminación está asegurada.

Como resultado de este consejo me convencí completamente de que había alcanzado este estado. El 20 de marzo el Maestro Yen se dirigió a la congregación.

"Sentaos erguidos, refrescad vuestras mentes como si estuvierais al borde de un precipicio de diez mil pies y concentraros en vuestro Hua Tou [la palabra mágica WU].

Si trabajáis de este modo durante siete días [sin descansar ni un solo segundo], *sin duda llegaréis a la Realización. Yo realicé un esfuerzo semejante hace cuarenta años.*

Empecé a mejorar en cuanto seguí estas instrucciones. Al tercer día sentí que mi cuerpo flotaba en el aire; al cuarto día me volví completamente inconsciente de todo lo que sucedía en este mundo. Aquella noche permanecí un rato apoyado contra una baranda. Mi mente estaba tan serena como si no estuviera consciente. Mantenía constantemente ante mí el Hua Tou [la palabra WU] *y después volvía a mi asiento"».*

—El Parsifal Develado, capítulo 44—

Cuenta la tradición que en estado de terrible angustia y desesperación, Kao Feng buscó al Maestro Hsueh Yen, quien

compadecido de su dolor le enseñó el poderoso mantra **WU**, exigiéndole diaria información sobre sus trabajos.

El mantra **WU** se canta como una doble **U**: **–UUUUUUU, UUUUUUU–, imitando** el aullido del huracán entre las embravecidas olas del furioso mar. Durante esta práctica la mente debe estar absolutamente quieta y en profundo y espantoso silencio, tanto en lo exterior como en lo interior; ni el más leve deseo ni el más insignificante pensamiento deben agitar el profundo lago de la mente.

–Mensaje de Navidad 1967-68, capítulo 36–

YA

La región del Aire está comprendida entre el corazón y el entrecejo. Su mantra fundamental es YA.

—El Matrimonio Perfecto, capítulo 19—

YAM DRAM HUM

La esotérica Viparita Karanhi enseña, en forma clara y precisa, cómo el yogui hace subir lentamente el semen mediante concentración de manera que hombre y mujer, en plena cópula, pueden alcanzar el Vajroli.

«¡OM! Obediente a la Diosa, que semeja una serpiente dormida en el Swayambhu Lingam y maravillosamente ornada, disfruta de lo amado y de otros embelesos. Se halla prendida por el vino e irradia con millones de rayos. Será despertada [durante la magia

sexual] por el aire y el fuego con los mantras YAM y DRAM y por el mantra HUM».

Cantad estos mantras en esos preciosos momentos en que lingam y el yoni se encuentran conectados en el lecho nupcial. Así despertará Devi Kundalini, la Serpiente Ígnea de nuestros mágicos poderes.

—El Parsifal Develado, capítulo 46—

Otras referencias:

—El Misterio del Áureo Florecer, capítulo 24—

YOD HE VAV HE

La Trinidad, la Tríada perfecta, Padre, Hijo y Espíritu Santo, más la Unidad de la Vida, es el santo 4, los cuatro carpinteros eternos, los cuatro cuernos del altar, los cuatro vientos del mar, el santo y misterioso Tetragrámmaton cuya palabra mántrica es YOD HE VAV HE, el nombre terrible del Eterno.

El Espíritu Santo se desdobla en una mujer inefable, esta es la Divina Madre, viste túnica blanca y manto azul. El Espíritu Santo es Shiva, el divino esposo de Shakti, la Divina Madre Kundalini.

—Tarot y Kábala, capítulo 51—

Los principios masculino y femenino se conjugan en el santo y misterioso Tetragrámmaton, nombre esotérico que no debe pronunciarse en vano y que está relacionado con las letras del nombre del Eterno en Hebreo: HE VAV HE YOD —símbolos hebreos que se leen al revés—.

YOD: Eterno Principio Masculino.

HE: Eterno Principio Femenino.

VAV: Principio Masculino fálico, el lingam.

HE: Principio Femenino, el útero, el yoni.

YOD HE VAV HE se reduce a SSSSSSS.

Esas cuatro letras son en sí mismas de inmenso poder sacerdotal. Hay que pronunciarlas como el aullido de un ciclón entre los montes o imitando al viento. Se pronuncian suavemente cuando se quiera sanar a un enfermo o invocar a un deiduso; también sirven para meditar. En esas cuatro letras están representados los dos principios, femenino y masculino, del Macrocosmos y del Microcosmos: la Vara, principio masculino, y la Copa, principio femenino. En esas cuatro letras está el principio del Eterno, que no se debe pronunciar en vano.

—Tarot y Kábala, capítulo 24—

AUM. El Arcano 4 del Tarot es el santo y misterioso Tetragrámmaton. El nombre sagrado del Eterno tiene cuatro letras: YOD HE VAV HE.

YOD es el hombre, HE la mujer, VAV es el falo, HE es el útero.

En otra forma decimos:

YOD es el hombre, HE la mujer. VAV el fuego, HE el agua.

El profundo estudio de las cuatro letras del Eterno nos lleva inevitablemente a la Novena Esfera —el Sexo—. Debemos levantar nuestra Serpiente por el canal medular hasta llevarla a su santuario del corazón.

—Curso Esotérico de Kábala, capítulo 4—

El nombre del Eterno tiene cuatro letras hebraicas: YOD HE VAV HE.

Estos son los cuatro vientos. Pocos son los que saben pronunciar este nombre como es debido. Todo aquel que quiera edificar la Nueva Jerusalén debe despertar el Fuego Sagrado del Kundalini. La Serpiente Pentecostal es el INRI, el azoe. El Sol es su padre, la Luna su madre, el viento la llevó en su vientre, y la tierra filosófica fue su nodriza.

—Mensaje de Acuario, capítulo 32—

La Corona de la Vida tiene tres aspectos: primero, el Anciano de los Días, el Padre; segundo, el Hijo muy amado del Padre, y, tercero, el Espíritu Santo muy sabio. Padre, Hijo y Espíritu Santo, la Triada perfecta dentro de la Unidad de la Vida.

Esta Triada más la Unidad de la Vida son el santo cuatro, los cuatro carpinteros eternos, los cuatro cuernos del altar, los cuatro vientos de la mar, el santo y misterioso Tetragrámmaton, cuya palabra mántrica es YOD HE VAV HE, el nombre terrible del Eterno.

—Misterios Mayores, capítulo 46—

Es, pues, el Pentagrama, de un poder mágico realmente sorprendente...

Vemos en los brazos varias letras hebreas. Aparecen YOD HE VAV HE. Esa palabra, YOD, como principio masculino o partícula divina, más bien como chispa virginal, es terrible.

YOD-HE, he ahí el aspecto masculino y femenino de la Divinidad. YOD, principio masculino divino; HE, principio femenino divino; VAV, principio masculino sexual —o sea el lingam—; HE, el yoni, el yoni femenino.

Hay un modo de pronunciación de las letras hebraicas YOD HE VAV HE, pero es terriblemente divino y no en vano se deben cantar esos mantras, porque esas cuatro letras hacen vibrar la Divinidad interior —se dice que es el nombre del Eterno—, y en vano no se debe pronunciar. Esto nos invita a la reflexión...

Aparecen otras letras hebraicas ahí para recordarnos ciertos procesos de la Divinidad, pero sobre ellos ahora guardaré silencio.

—El Quinto Evangelio,
conferencia «Simbolismo del Pentagrama Esotérico»—

YOD HE VAV HE AMOA HE VAV HE AGTA

Agni es el Dios del Fuego. Este gran Maestro ayuda a restaurar el fuego en cada uno de los siete Cuerpos: el físico, el etérico, el astral, el mental, el causal, el búddhico y el átmico.

El Teúrgo puede invocar a Agni cuando se mueve en el astral. Agni concurrirá al llamado.

Y cuando el Teúrgo invoque a Agni, lo llamará «en nombre de Cristo, por la majestad de Cristo, por el poder de Cristo».

Si se ordena al Ave de Fuego que transforme el rostro del invocador, o que le dé la apariencia de un ave, o de un árbol ante la vista de los amigos, el Ave operará la transformación y nadie reconocerá al estudiante.

Ahora bien, si proyectamos el Ave de Fuego sobre la mente de alguien que nos acecha para causarnos daño, y ordenamos así a la mente ajena que no nos vea, entonces seremos invisibles. Pero en este caso debemos también vocalizar los mantras cuyo poder nos hará invisibles, que son: YOD HE VAV HE AMOA HE VAV HE AGTA.

Jesús, el gran Hierofante que nos enseñó la Gnosis, varias veces tuvo que recurrir a hacerse invisible.

Con el poder del Fuego se pueden emprender y ejecutar incontables maravillas.

Con el poder del Fuego podemos transformarnos radicalmente.

¡Con el poder del Fuego nos convertimos en Dioses!

—*Logos, Mantra, Teúrgia*, capítulo 6—

ÍNDICE

O

P

R

«Una hora diaria de vocalización vale más que leer mil libros de teosofía oriental. La vocalización verdadera está íntimamente relacionada con la técnica de la meditación.».

Samael Aun Weor

1950 PUERTA DE ENTRADA A LA INICIACIÓN
(esta obra, posteriormente, el Maestro Samael
la amplió y corrigió, bautizándola con el nombre de
«EL MATRIMONIO PERFECTO»)
LA REVOLUCIÓN DE BEL

1952 CURSO ZODIACAL
CONCIENCIA CRISTO
TRATADO DE MEDICINA OCULTA Y MAGIA PRÁCTICA
(primera edición)
EL LIBRO DE LA VIRGEN DEL CARMEN
CATECISMO GNÓSTICO
EL PODER ESTÁ EN LA CRUZ
MENSAJE DE NAVIDAD 1952-53

1953 LAS SIETE PALABRAS
ROSA ÍGNEA
VOLUNTAD CRISTO
TRATADO DE ALQUIMIA SEXUAL
MANUAL DE MAGIA PRÁCTICA
MENSAJE DE NAVIDAD 1953-54

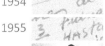

1954 MENSAJE DE NAVIDAD 1954-55

1955 MENSAJE DE NAVIDAD 1955-56

1956 MISTERIOS MAYORES
MENSAJE DE NAVIDAD 1956-57

1957 NOCIONES FUNDAMENTALES DE ENDOCRINOLOGÍA
Y CRIMINOLOGÍA
MENSAJE DE NAVIDAD 1957-58

1958 TRATADO ESOTÉRICO DE TEÚRGIA
MENSAJE DE NAVIDAD 1958-59

1959 LA MONTAÑA DE LA JURATENA
LOGOS, MANTRAM, TEÚRGIA
EL LIBRO AMARILLO
MENSAJE DE NAVIDAD 1959-60

1960 MENSAJE DE ACUARIO
MENSAJE DE NAVIDAD 1960-61

1961 MENSAJE DE NAVIDAD 1961-62

1962 MAGIA CRÍSTICA AZTECA
EL LIBRO DE LOS MUERTOS
LOS MISTERIOS DE LA VIDA Y DE LA MUERTE
LOS MISTERIOS DEL FUEGO
MENSAJE DE NAVIDAD 1962-63

1963 EL MATRIMONIO PERFECTO (edición ampliada y corregida)
MENSAJE DE NAVIDAD 1963-64 (denominado también
«TÉCNICA PARA LA DISOLUCIÓN DEL YO»)

1964 LAS NAVES CÓSMICAS
HACIA LA GNOSIS (Mensaje de Navidad 1964-65)

1965 OCULTISMO TRASCENDENTAL
(Mensaje de Navidad 1965-66)

1966 EDUCACIÓN FUNDAMENTAL.
EL COLLAR DEL BUDDHA (Mensaje de Navidad 1966-67)

1967 TRATADO ESOTÉRICO DE ASTROLOGÍA HERMÉTICA
LOS PLATILLOS VOLADORES
REVELACIONES DE UN AVATARA
(Mensaje de Navidad 1967-68)

1968 TRATADO ESOTÉRICO DE MAGIA RÚNICA
(Mensaje de Navidad 1968-69)

1969 CURSO ESOTÉRICO DE KÁBALA
MI REGRESO AL TÍBET (Mensaje de Navidad 1969-70)

1970 MÁS ALLÁ DE LA MUERTE
EL PARSIFAL DEVELADO (Mensaje de Navidad 1970-71)

1971 EL MISTERIO DEL ÁUREO FLORECER
(Mensaje de Navidad 1971-72)

1972 MIRANDO AL MISTERIO
LAS TRES MONTAÑAS (Mensaje de Navidad 1972-73)

1973 PSICOLOGÍA REVOLUCIONARIA
SÍ HAY INFIERNO, SÍ HAY DIABLO, SÍ HAY KARMA
(Mensaje de Navidad 1973-74)

1974 LA GRAN REBELIÓN
LA DOCTRINA SECRETA DE ANÁHUAC
(Mensaje de Navidad 1974-75)

1976  TAROT Y KÁBALA

1977  TRATADO DE MEDICINA OCULTA Y MAGIA PRÁCTICA
(edición ampliada y corregida)
CURSO ESOTÉRICO DE TEÚRGIA
MISTERIOS MAYAS
LA REVOLUCIÓN DE LA DIALÉCTICA
(recopilación de enseñanzas del V.M. Samael)
PARA LOS POCOS
ANTROPOLOGÍA GNÓSTICA
PISTIS SOPHIA DEVELADA

2000 EL QUINTO EVANGELIO
(recopilación de todas las cátedras que dictó
el V.M. Samael)

2003 APOLOGÍA GNÓSTICA DEL ETERNO FEMENINO
(recopilación de enseñanzas relacionadas
con este tema del V.M. Samael)

2011 ÉTICA Y SOCIOLOGÍA GNÓSTICA
(recopilación de enseñanzas del V.M. Samael)

"el poder de un conocimiento"

info@ageac.org

www.ageac.org · www.samael.org
www.vopus.org · www.radiomaitreya.org

Made in the USA
Las Vegas, NV
29 October 2024

10726950R00177